Rethinking
Reconstructing
Reproducing

*

———

"精神译丛"
在汉语的国土
展望世界
致力于
当代精神生活的
反思、重建与再生产

———

*

Die Absolutheit des Christentums
und die Religionsgeschichte

Ernst Troeltsch

精神译丛·徐晔 陈越 主编

［德］恩斯特·特洛尔奇 著　张巍卓 译

基督教的绝对性与宗教史

西北大学出版社
·西安·

恩斯特·特洛尔奇

目 录

第二版前言 / 1
第一版前言 / 6

第一章 / 27
第二章 / 53
第三章 / 85
第四章 / 111
第五章 / 123
第六章 / 137

译后记 / 174

第二版前言

本书已经脱销很长一段时间了。当出版商决定出新版时,我不得不面临一项选择,要么全盘地修改它,并将它纳入一个更宏大的思想关联体,要么让它基本上保持原样。最终我选择了后一种做法,之所以这样做,部分地因为我目前缺乏闲暇时间,部分地因为我写作本书,乃是基于一个特定的神学问题的讨论语境,我的思考与之息息相关、不可分离。但今时已不同于往昔。本书所探讨的问题在过去的十年间曾无比棘手,不过即使到了今天,对于很多想从当时的处境出发来思考的学者而言,本书仍对他们理解时代问题的变迁有所裨益。①

在许多关于本书的书评里,我特别想提及赫尔曼②(《神学文

---

① 特洛尔奇在此暗示他本人受社会学思维方式的影响,问题意识发生了变化。在回顾生平的文章里,他称自己的"社会学研究"为"一种新的看问题的方式":"整个历史哲学和发展理论的观念……都改变了,所有以往的解决办法都出现了新问题。"参见特洛尔奇,《关于我的著述》(*Meine Bücher*, 1923)。——全集版编注

② 威廉·赫尔曼(Wilhelm Herrmann, 1846—1922),德国路德派神学家,里敕尔学派代表。——译注

献报》,1902,第 330—334 页)、耶格尔①(《基督教世界》,1902,第 914—921,930—942 页)与奥伊肯②(《哥廷根学术汇报》,1903,第 77—106 页)的评论。除此之外,我只能在此记录一些回应本书的著作:托马③,《基督教的绝对性》(*Die Absolutheit des Christentums*,1907);布伦斯塔德④,《论基督教的绝对性》(*Über die Absolutheit des Christentums*,1905);贝斯⑤,《基督教的本质与历史研究》("Das Wesen des Christentums und die historische Forschung"),刊于《新教会报》第 15 期(这位作者由于从事生物学研究,改变了他过去的观点);海因里奇⑥,《神学与宗教学》(*Theologie und Religionswissenschaft*,1907)(这位作者一改自己早期著作⑦的看法,试图在此书里持更公允的态度);胡钦格⑧,《教会神学的宗教哲学任务》

---

① 保尔·耶格尔(Paul Jäger, 1896—1963),德国路德派神学家。——译注

② 鲁道夫·克里斯托弗·奥伊肯(Rudolf Christoph Eucken, 1846—1926),德国哲学家,"生命哲学"的代表人物,在 1908 年获诺贝尔文学奖。——译注

③ 约翰内斯·托马(Johannes Thomä, 1873—1959),德国路德派神学家。——译注

④ 赫尔曼·弗里德里希·布伦斯塔德(Hermann Friedrich Brunstädt, 1883—1944),德国路德派神学家、哲学家。——译注

⑤ 卡尔·贝斯(Karl Beth, 1872—1959),德国路德派神学家。——译注

⑥ 卡尔·弗里德里希·格奥尔格·海因里奇(Carl Friedrich Georg Heinrici, 1844—1915),德国新教神学家。——译注

⑦ 指海因里奇的《我们还应当是基督徒吗?》(1901)一书,详见特洛尔奇的"第一版前言"。——译注

⑧ 奥古斯特·威廉·胡钦格(August Wilhelm Hunzinger, 1871—1920),德国路德派神学家。——译注

("Die religionsphilosophische Aufgabe der kirchl. Theologie"),刊于《新教会报》第18期,《当前系统神学的问题与任务》(*Probleme und Aufgaben der gegenwärtigen systematischen Theologie*,1909);伊莫斯①,《新近教义学作品一瞥》("Blicke in die neuere dogmatische Arbeit"),刊于《新教会报》第16期,第505—522页;博塞特②,《康德-弗里斯的宗教哲学及其在神学上的运用》("Kantisch-Friesische Religionsphilosophie und ihre Anwendung auf die Theologie"),刊于《神学观察》1909年期。值得一提的作品还有:爱德华·斯普兰格③,《历史科学的基础》(*Die Grundlagen der Geschichtswissenschaft*,1905);以及刚刚出版的特奥多尔·卡夫坦④的《恩斯特·特洛尔奇:一项时代批判研究》(*Ernst Troeltsch, eine zeitkritische Studie*,1911),这是一部典范性的论辩作品。赞同且采纳我的观点的作品并不多见;从某种意义上来说,奥伊肯的《宗教哲学的主要问题》(*Hauptprobleme der Religionsphilosophie*,1909),或许还有威尔勒⑤的名作《神学导引》(*Einführung in die Theologie*)是支持我的

---

① 路德维希·伊莫斯(Ludwig Ihmels,1858—1933),德国路德派神学家、牧师。——译注

② 威廉·博塞特(Wilhelm Bousset,1865—1920),德国路德派神学家,特洛尔奇的亲密朋友。——译注

③ 爱德华·斯普兰格(Eduard Spranger,1882—1963),德国哲学家、心理学家和教育学家,精神科学传统的代表。——译注

④ 特奥多尔·卡夫坦(Theodor Kaftan,1847—1932),德国路德派神学家。——译注

⑤ 保尔·威尔勒(Paul Wernle,1872—1939),德国路德派神学家、教会史学家。——译注

看法的。

要在此处细致地讨论上述不同观点是不可能做到的事情,我必须推迟到之后研究宗教哲学时再作详尽探讨,而这就是我下一步的工作了①。我在此只想强调,从以上的讨论里清晰呈现出来的本书的问题是什么。在一部分人看来是奇迹丧失了②,因为我绝不承认所谓基督教的独特因果性(Sonderkausalität)是奇迹;至于有些人偷偷怀疑我是认同普遍法则的极端理性主义者,我建议他们去阅读我的文章《偶在概念的含义》③(《神学与教会报》,第20期,第421—430页),写作本书时,我头脑里就已经形成了这篇文章的基本想法。在另一部分人看来,相较"理念"的因素,历史的、实证的因素在本书里不够突出④,反之,有些人则觉得本书过分地强调了历史的、实证的因素⑤,他们认为我的思路陷入不可救药的断裂。但本书总归恰当地呈现了我的立场以及相应的问题。

---

① 尽管多次提到这个计划,但特洛尔奇最终并没有完成详尽的(ausgeführte)宗教哲学研究。他的宗教哲学试图整合两个方面的内容:第一是对历史学、历史哲学和文化哲学的概念建构(参见特洛尔奇1903年3月10日致胡格尔[Friedrich von Hügel]的信);第二是宗教心理学和认识理论的奠基。因此,思辨的形而上学退居次要角色。——全集版编注

② 约翰内斯·托马和威廉·赫尔曼的批评就指向于此。——译注

③ 本文中文版可参见《基督教理论与现代》,朱雁冰等译,北京:华夏出版社,2004,第163—170页。——译注

④ 卡尔·贝思批评特洛尔奇从基督教里看到的并非新的人性的神圣力量,而仅仅是一个宗教的、伦理的理念。——全集版编注

⑤ 奥伊肯认为特洛尔奇停留于历史的界限内,未跃升至精神生活的世界。——译注

我打算保留自己的立场,也希望未来能更完整地证明它。

当我表明了自己的态度后,有些读者也许想知晓,我在何处探讨了由这一立场直接得出的若干问题。关于布道问题,可参见我发表于《基督教世界》杂志(1906年期)的《现代世界里的布道》("Die Mission in der modernen Welt")一文,还有为回应瓦内克①并澄清这篇文章所撰写的《布道动机、布道任务与近代人性基督教》("Missionsmotiv, Missionsaufgabe und neuzeitliches Humanitäts-christentum"),该文发表于1907年期的《布道学与宗教学刊》。至于本书表明的对耶稣人格的立场,我的小书《耶稣的历史性对于信仰的意义》(1911)作了更深入的论述。关于我对教会精神与本能之间关系的看法,可参见《基督教会与团体的社会学说》(1912)。最后,在本书涉及的教义学主题方面,我目前为《历史与现实中的宗教》(Religion in Geschichte und Gegenwart)百科全书写的词条处理了这一问题。

相较本书的旧版,新版的改动仅仅涉及行文风格。赫尔曼对我的若干表述的指责是有道理的,因而我删去了一些粗鲁的言论。此外,我补充了我所知的一些新近的研究文献,于是此前看上去过于简洁的文本在一些地方上更清楚、更丰富了。

恩斯特·特洛尔奇
海德堡,1911年12月16日

---

① 古斯塔夫·瓦内克(Gustav Warneck, 1834—1916),德国路德教神学家,主研布道学。——译注

第一版前言

当我着手准备出版这部作品的时候,它的篇幅已经大大超过了一篇演说稿的体量①,因此我干脆放弃采用演说稿的形式。不过我选择保留演说的名称,只是为了讲明,探讨这个主题乃是源于我自己的愿望,而非为了回应这个夏天突然爆发的诸多针对它的攻击②以及种种关于同一主题的思想扭曲的意见③。实际上,在我了解到这些相关的研究之前,就已经准备好了演说内容。尽管如此,我并不想在毫不提及它们的前提下直入主题,故而我选择在前言里简要地评述它们。本书的正文部分则仅限于讨论一些关键的原则问题。

从整体上看,哈纳克④1901年的校长就职演说《神学系的使

---

① 这本书是特洛尔奇在1901年的米尔拉克(Mühlacker)基督教教友集会的演说稿基础上修改而成的作品。——译注

② 见特洛尔奇1901年7月22日写给威廉·博塞特的信,其中提到了莱施勒、特劳布和伊莫斯的言辞激烈的攻击。——全集版编注

③ 影射弗里德里希·尼伯伽尔(Friedrich Niebergall)的同名著作《论基督教的绝对性》(1900)。——全集版编注

④ 阿道夫·冯·哈纳克(Adolf von Harnack,1851—1930),德国自由主义神学家、宗教史家,代表作有《教义史教程》(*Lehrbuch der Dogmengeschichte*)、

命与普遍宗教史》("Die Aufgabe der theologischen Fakultäten und die allgemeine Religionsgeschichte")处理的是和本书相同的主题。我完全同意他的论述①。然而在某些个别的问题上，我同他看法不一致，后文将说明这一点。我尤其不赞同所谓将神学系转成宗教史系乃出于当前研究的需要，这更和我的观点相差千里。我同意哈纳克所说的，宗教史系的提法毫无意义②，神学关心的并非宗教史本身，而是如何赢得规范的宗教科学知识。唯独它才是神学追寻的意义。规范的知识丝毫不是遥不可及的可能性，毋宁说从一开始就意味着我们的精神在实践上达成共识，共同朝着基督教的方向行进。因此最重要的事实，莫过于我们首先要从宗教史赢得规范的知识，而非诉诸反哲学体系的护教学(Apologetik)和经院哲学的启示理论。

那些在这条道路上遭遇挫折的人，那些堕入无目标的相对主

《基督教的本质》(Das Wesen des Christentums)等。哈纳克于1901年就任柏林大学校长。——译注

① 指哈纳克所说的，"问题的关键在于，神学系要研究的是**基督**宗教，因为基督教就其纯粹的形态而言并非同其他宗教并置的**某一**宗教，而是宗教**本身**"。关于特洛尔奇对大学神学系问题的进一步讨论，可参见他的《无预设的科学》(Voraussetzungslose Wissenschaft, 1901)和《国家与教会、国家的宗教课程与神学系的分离》(Die Trennung von Staat und Kirche, der staatliche Religionsunterricht und die theologischen Fakultäten, 1907)。——全集版编注

② 哈纳克认为，研究任何一种宗教都不能不去研究相关民族的历史，但要投入所有精力去研究全部的语言和历史，又会拖垮神学研究。因而那些研究、体验基督教发展史的学者，不必探究所有宗教的历史。此外，神学系又是要面向实践生活的，它服务于教会事业。——全集版编注

义泥潭的人,或者那些坚信要从其他方向追寻目标的人,自然不会希望投身神学系的事业。反之,那些投身神学系事业的人在面临研究与生命抉择的关键时刻,必须解决规范性的问题,同时,在对经验世界的诠释上,必须同敌视宗教者论争。如果要建设一门神学系,却对规范的宗教真理毫无所知,仿佛探路者不见北极,饥渴之人迷失水源,那么必将陷入荒唐的境地。谁希望给别人传授宗教知识,自己就必须已占据一个立足点,或者确信赢得这一立足点乃是可能的。至少对虔诚的人来说,此信念并非无穷遥远的对象。因为一旦人们认为宗教的真理和内容是极其遥远的事物,觉得完全是不可知的东西,一旦人们从中看到的只是永无止境的争执,而非被给予的力量和神圣的作用,那么宗教就没有了意义,也不成其为宗教了。故而,我们必然有可能终结无穷尽的研究,就大家的实践生活达成一致,让基督教的真理变得清晰起来。由此出发,我们将同科学的研究机构精诚合作,共同服务于基督教的宗教生活。

事实上,非神学出身的学者在面对宗教问题时,毋庸置疑地和神学家以及在这个问题上作过充分思考并受过良好的科学教育的知识人处于同一状态。但既然他的教学活动不致力于领会宗教和宗教生活的种种要求,那他就不会像神学家那般寻求一个相对稳定的立足点,以此作为其教学活动的前提,相反,如果他愿意且有能力的话,会给自己的决断留出持续的自由空间。因此神学出身的学者在从事教学活动之前,自然就抱着一个明确的立场,这个立场并非由宗教的、科学的思想活动推理出来的结果,也并非神学理论发展的结果。相反,神学理论必须首先将该立场设定成要去追问的前提,①进而从普遍的前提出发,推理我们认真考虑的问题,基于普遍的、原则性的前提得出结论。对于今日科学研究者的精神境况来说,这是无可逃避的行动。一切皆仅仅关系到基督教的规范效力(normative Geltung)这一原则性的问题,其他问题则明显没有如此基础的地位,但仍然是神学系要去探讨的内容。无论如何,必须首先解决原则性的问题,作为对原则问题作决断和反思的科学,神学越成功地构建起一种强调首要事务(Hauptsache)的理论,越能简化原则问题,最后就越有助于解决原则问题。我的著作的主要意图便是提供这样的理论,以帮助为信念斗争的人士作基本的决断,并为更进一步的、无须其他先行预设的研究开辟道路。在我看来,该理论必然要重视普遍的宗教史研究。宗教史是神学的先行科学和辅助科学,我对它的强调,其实更甚于哈纳克看上去做的那样。如此一来,我在讲述这套理论时,一方面着眼于体系论者的角度,即从最高的原则来把握神学的前提;另一方面着眼于教会史家的角度,即倾向于在神学前提已被确定好的基础上,更精确地标定论述的范围。

除此之外,今年的另一部神学家的校长就职演说是尤里什②的《现代关于教会史研究方法、任务与目标的不同意见》("Moderne Meinungsverschiedenheiten über Methoden, Aufgaben und Ziele

---

① 参见特洛尔奇的《无预设的科学》。他指出,任何科学都是有预设的,但我们首先必须去质疑那些直接的、天真的预设,由于长期教育灌输的意见,以及对表面现象和价值的判断,我们的头脑中产生了这些预设。——全集版编注

② 阿道夫·尤里什(Adolf Jülicher, 1857—1938),德国新教神学家、教会史家,代表作有《新约导论》等,1901年就任马堡大学校长。——译注

der Kirchengeschichte",马堡,1901)。我在写完自己的这本著作之后,收到了尤里什的书,他讨论的是我们共同关心的主题。尽管他的一些说法明显指向我①,但我相信他不应将其归结到我身上,因为尤里什论述时,援引的是我的一篇短文《论神学里的历史学与教义学方法》②里的见解③,而这篇文献曾多次经我其他作品修正,至于尤里什对我的构想的委婉否定,我倾向于理解为对本书所提出问题的进一步的思索。

或许我应当更着重地强调真正的历史学(Historie)同由此发展而来的历史哲学的沉思(geschichtsphilosophische Spekulation)之间的差异。不过后者仅仅是前者的直接结果,当尤里什说他"既不想否定价值判断,又不想否定将孤立的事件置于联系的整体、从动态的发展进程统观单一现象的尝试"(第13页),以及"只需将基督教及其教会和其他宗教等同观之,便是再恰当不过的做

---

① 尤里什并没有直接提到特洛尔奇的名字,但他明确地批判"将宗教史方法视作唯一适用于神学的方法",并且重复了特洛尔奇在《论神学里的历史学与教义学方法》一文里的一段原话:"历史学方法曾用于圣经学和教会史,它是一块酵面团,将改变一切,并最终冲破神学方法以往曾有过的整个形式。"——全集版编注

② 本文中文版可参见《基督教理论与现代》,朱雁冰等译,北京:华夏出版社,2004,第109—126页。——译注

③ 尤里什援引的很可能是特洛尔奇的黑格尔式的历史哲学观点,即历史并非一团混沌,而是具有统一的力量,追求统一的目标。尤里什在此引用了特洛尔奇《论神学里的历史学与教义学方法》的结论里的话:"在作出一切区分之后,还是应该强调,所有这些差别从永恒性的观点看,都可能是无关紧要的。"——全集版编注

法"(第 15 页)时,他本人并没有否认这一点。我的看法和他一样。但我相信,这种最终起决定作用的总体观并非源自教会史家道出的零散格言,毋宁说,思想的种子必然会发展出一套理论,它连同前提与结果一道,在原则的高度上被践行。但凡要做到这一点,没有"宗教哲学的渗入"(religionsphilosophische Ergüsse)和令人疑虑的普遍化思维(Verallgemeinerungen)是不可能的,然而我的意图无非是要从原则上奠定研究历史哲学的视角。尤里什这位杰出学者的工作也聚焦于此。尤里什自己也曾谈到"从另一种世界观那里摘引的思想,即自然人同宗教人之间截然对立"①。与之相反的世界观只能从历史学那里成长起来,它用自然人同宗教人之间相对的对立,取代了它们之间绝对的对立,就此而言,我们需要从它的原则以及它对基督教价值造成的影响来仔细地思考它。

让我们追溯更早时期的重要论述吧。伯努利②出版于1897年的名著《科学的方法与教会的方法》(Die wissenschaftliche und kirchliche Methode)提出了与我的观点类似的思想。我自己也同意他的说法。尽管如此,我认为伯努利明显夸大了历史相对主义的影响,而且我们应更冷静地对待整个问题。一门科学的神学让基督教的基

---

① 尤里什所说的这个世界观涉及《哥林多前书》(2:14—15):"属血气的人接受不了上帝的灵的恩赐,在他看来,都是些蠢事,且不可理喻,只因评价需仰赖圣灵。唯有属灵的人才能评价一切,自己却不受任何人评价。""但是曾经让保罗从大多数无法应对的痛苦经验里获得安慰的东西,现在并不适合作为决定科学问题准则,除非我们准备接受另一套世界观,即自然人与宗教人的**独有**对立这一思想。"——全集版编注

② 卡尔·阿尔布莱希特·伯努利(Carl Albrecht Bernoulli, 1868—1937),瑞士新教神学家。——译注

本立场(Grundstellung)变成未来可预见的时间内的不可解的问题，因而它自身将消解掉，而且据我看来，它过分夸大了宗教科学研究的成果。更有甚者，正统的教会神学必然感到自己被嘲弄①，丧失了一切根基②。关于正统的教会神学，我认可的合理因素仅仅在于：随着一门奠基于宗教史的新神学在实践生活里引起基督教传统观点的剧烈变迁，尤其当那些在教会权威庇护下、为教会服务的神学家提出新教义学，从而撼动了旧教义学时，我们更应当谨慎地、缓缓地适应新的东西。此外，我提请读者注意我为这本有趣的著作所撰写的评论，它刊登于 1898 年的《哥廷根学术汇报》(*Göttingen Gelehrte Anzeigen*，第 425 页及以下诸页)。我认为赫尔曼的教义学著作③就是适应的杰作，尽管他本人的出发点并非如此，但正像一切教义学家事实上所做的那样，他的作品很大程度上具有适应的功效。

从里敕尔学派里诞生了三篇文献，它们分别是：沃伯明④的

---

① 特洛尔奇指伯努利"最终要分解神学与教会之间关系"的立场，伯努利指出："科学的神学就其本质而言与教会无涉。"——全集版编注

② 伯努利明确区分了两种神学，即科学的神学与教会的神学。在他看来，教会的神学与其说是要作研究，毋宁说是要去达成某个实践性的目的，它要求神职人员为共同体的利益牺牲。——全集版编注

③ 特洛尔奇参照的是赫尔曼的《根据路德的基督徒同上帝的交往》(*Der Verkehr des Christen mit Gott im Anschluss an Luther dargestellt*，1886)一书，后者的《基督新教的教义学》直到 1906 年才问世。特洛尔奇在此影射赫尔曼"个人的基督教"的方案，基督教总归基于"个人自己的信仰"，其自由的信仰动力伴随着思想展开。——全集版编注

④ 格奥尔格·沃伯明(Georg Wobbermin, 1869—1943)，德国新教神学家。——译注

《神学同现代科学的关系以及它在科学体系里的位置》("Das Verhältnis der Theologie zur modernen Wissenschaft und ihre Stellung im Gesamtrahmen der Wissenschaft",《神学与教会学刊》,1900,第375页及以下诸页);特劳布①的《宗教史方法与系统神学》("Die religionsgeschichtliche Methode und die systematische Theologie",《神学与教会学刊》,1901,第301页及以下诸页);莱施勒②的《神学里的历史学与教义学方法》("Historische und dogmatische Methode der Theologie",《神学观察》,1901,第4期,第261页及以下诸页,第305页及以下诸页)。针对他们提出的主要异议,我部分地在下文里作了回应,部分地只需在此强调已说过的内容。虽然我的观点在许多方面同这三篇文献的观点一致,但总体上彼此抵牾。

我将自己的学说整体称作"历史学的方法",以对立于所谓教义学的方法,如此一来,我自然完全清楚地知道历史学的方法只能被称作"**由后天的部分而来的**"(*a parte portiori*③),只能从同教义学方法相对立这一视角来谈。④ 它建立在历史学的宽广视野上,同时致力于从构建好了的总体观点(Gesamtanschauung)推导普遍

---

① 弗里德里希·特劳布(Friedrich Traub,1873—1906),德国新教神学家。——译注

② 马克斯·莱施勒(Max Reischle,1858—1905),德国新教神学家。——译注

③ 原文 portiori 似有误,应为 postiori。——译注

④ 特洛尔奇在此回应的是特劳布的指责,特劳布反对将整个神学工作局限于历史学的方法,强调神学的独特使命无法由历史学的方法解决。因此"宗教史神学"的提法本身就要被取消,因为它无法完成神学的根本任务,它只是"由后天的部分而来的"。——全集版编注

适用的概念,由这一历史学进路塑造出的概念的独特之处,就在于它既有别于自然科学的概念,又有别于思辨性的大全概念(Allgemeinbegriffe),因为大全概念完全漠视自然科学与历史学之间的差异。历史学的方法正要努力地克服上述两种概念运用于历史研究时的困境。它必须从历史里的相对者和个体,探寻其完满的、绝对支配着历史的法则,同时,绝不可忽视相对的、个别的历史现象之内正在生成的有效价值,还有指向共同目标的价值。

不止如此,我还清楚地认识到,这种类型的历史研究乃是要从历史里赢得规范的知识,因此它使纯粹现象论的、以寻求因果解释为目的的历史研究成为徒然之举,后者一方面见于康德学说,另一方面见于新康德主义学说,相较康德本人,新康德主义者更严格地要求搁置自由以及实践的理性意志。我要做的并非像莱施勒认为的那样,试图指明在宗教问题上,当因果推理链条断裂之时,超自然的力量便会起作用;也不像特劳布认为的那样,要把因果解释和价值评判搅和到一起。毋宁说,我完全反对用因果解释法对待历史对象以及灵魂的总体经验(参见我为利普修斯①的《福音教与新教教义学教程》撰写的书评,发表于《哥廷根学术汇报》,1894,第847页及下页)。② 我之所以这样做,不光因为当

---

① 理查德·阿戴伯特·利普修斯(Richard Adelbert Lipsius,1830—1892),德国新教神学家。——译注

② 在特洛尔奇看来,利普修斯对宗教的理解"摇摆于两方,一方是用因果方法解释幻象的性质,另一方是归诸上帝作用的不可控的神秘性质"。特洛尔奇进而将利普修斯的观点追溯到康德学说与新康德主义思潮。——全集版编注

一方是纯粹因果的机械论解释,另一方是从超感性的动机中产生的评价性的、必然有效的原则,它们彼此排斥;而且因为我绝不相信所谓始于感觉与欲望、终于理念与普遍有效价值的因果论切实可行;而且因为更高贵的、同非感性的实在领域相关的灵性生命(Geistesleben)需要独立自在的本体论基础。在我看来,对意识的全体现象作纯粹因果和现象描述的学说是不合理的,从来就不存在从"外部经验"确证无疑地过渡到"内在经验"的学说;①同样,如果有人想领会从历史里产生的理想价值,将它限定为对某个存在者(Sein)作价值判断的行为,而他又不敢用这个存在者的真正名字来称呼它,那么在我看来完全荒谬的做法,无过于首先诉诸因果的、机械论的心理学机制,得出关于这个存在者的表象。

无论如何,这些问题讨论起来极其困难。拒斥用因果论解释灵魂生命的全部经验的做法,也许会陷入神学异端甚至哲学异端的厄运;我思考的方案也可能彻底失败;但我坚信,绝不能把科学同因果解释混为一谈,在它们被混为一谈的任何地方,真正的宗教都不存在。没错,我认为康德通过善的纯粹理性的必然性来解读人的性格与动机,尤其通过描述伦理的理性王国的发展来构建

---

① 特洛尔奇接受了狄尔泰对"解释心理学"(erklärende Psychologie)的拒斥。解释心理学为了解释灵魂世界,将它拆解成各个组成部分,就像物理学与化学解释物体世界一般。相反,狄尔泰呼吁的"精神科学"从一开始就将灵魂生命视作原初给定的关联体。除了狄尔泰,冯特也提到过"内在经验",参见冯特的《生理心理学的基础》(Grundzüge der physiologischen Psychologie, 1893)。——全集版编注

历史哲学,事实上突破了对灵魂经验作纯粹现象论、因果论考察的做法,他为研究灵魂经验奠定了一套本体论基础。不管怎么说,我都坚信宗教的科学尊严基于对上述本体论原则的证明,我们要从历史里出现的各个更高灵性生命的类型出发,用概念的方式处理它们,回答宗教的规范形态的问题。

新康德主义的神学家①则激烈地反对本体论,他们以历史里的基督形象作为起点,着眼于基督教的历史,提出了自己的关于基督教的绝对有效性的学说,进而将它同新康德主义的哲学原则结合到一起,但这种做法无疑失败了。根据他们的看法,历史里的一切现象,因而连同基督的人格乃至基督教本身,皆要用因果论的、机械论的、现象论的理论来解释,在历史之上盘旋着一套普遍适用的、既理性又必然的伦理判断。我们并不能靠拒绝康德乃至整个 18 世纪的历史意识来否定新康德主义的理论后果,②实际上,康德毫不缺乏历史意识。但他的最优美历史意识丝毫没有帮助他克服现象论的、因果论的理论后果;我总认为,并非历史意识将新康德主义神学家从上述后果的强制状态中拯救出来,解放他们的毋宁是一种十分脆弱的关联体,关联体的一方是传统意义上

---

① 特洛尔奇所说的"真正的康德主义的神学家"只包括威廉·赫尔曼与马克斯·莱施勒。参见他的《康德宗教哲学中的历史》(*Das Historische in Kants Religionsphilosophie*,1904)。阿尔布莱希特·里敕尔尽管在许多方面都倚重康德学说,但他离真正的批判精神是很远的。——全集版编注

② 这里影射威廉·赫尔曼的做法,参见赫尔曼的《为什么我们的信仰需要历史事实?》(*Warum bedarf unser Glaube geschichtlicher Thatsachen ?* 1891)一书。他指出"伟大的德意志启蒙哲人",包括莱辛、康德和费希特,都同基督教的历史形态展开了斗争。——全集版编注

的教义学研究和孤立的历史考察，另一方是严肃的历史学思考，针对一位道德纯洁之人①的呼吁的伦理学前提以及护教学证据的考察，这意味着，假如它们不是真相的话，那么就必然是谎言或疯话。但我要讨论乃是同康德及其学派全然不同的历史意识，我将尽力在本书里展现它。

在拒绝新康德主义宗教观、要求奠定本体论原则的诸研究当中，审慎而富于教益的作品莫过于伊莫斯的《对立于宗教哲学的教义学的独立性》("Die Selbständigkeit der Dogmatik gegenüber der Religionsphilosophie"，收录于他献给摄政王殿下的埃尔兰根纪念文集，1901）。他和我的想法一致，因此即便他批评我的著作，也充满了谅解与善意。他对我的批评在于：从我的立场出发，便无法以喜悦而坚定的态度面向基督教。② 相反，信仰基督教就要摒弃对任何其他宗教的考虑，唯独将基督教视作坚实的、被给予的研究对象，也就是说，立足于这一对象，发展出基督教的认识理论。基督教的认识理论自然相信，其研究对象之所以有效，是因为它仅仅基于独一无二的、超自然的、令人惊异的皈依事迹（Bekehrungserfahrung）的因果关联，而这又是由《圣经》施加的效力、确保的事实。

为了辩驳伊莫斯的说法，我指出：他所期许的基督教的稳固，仅靠诉诸完全孤立的、超自然的因素来实现。即使完全从形

---

① 指耶稣。——译注

② 伊莫斯承认特洛尔奇并非从"相对主义与怀疑主义的视角出发"，而是理解了且相信基督教的真理。不过他也质疑特洛尔奇，是否"在宗教体验或科学研究的方面赢得了上述确定性"。——全集版编注

式上抽离出基督教的确定性问题(Gewissheitsfrage)这一做法,就其自身而言也避免不了首先要将它的研究对象设定为问题,而且由基督教肯定的宗教体验首先也要经心理学和历史学的客观研究。除此之外,既然基督教的确定性问题被交予科学研究,那么研究的结果必定要公开,就像我所做的那样。相较我的研究,伊莫斯的研究更简单、更缺少结构关联的思维。尽管如此,他通过超自然的原则赢得了基督教的完全确定性,超自然的原则一开始由人内心的惊奇把握,在此基础上,它进一步地得到外部的奇迹的确证。与此相对,历史学则无法证明奇迹的不可能性,作为世俗科学,它不可能赢得灵性的意义,唯独灵性的意义才可确保奇迹变为现实。起决定作用的事实,并非我们只从自己所知的孤立对象出发来认识,毋宁是去揭示存在于对象中的独一无二的神奇的因果关联,如果我们拒绝作宗教史之间的比较,并将这一做法确定为研究的起点,那么我们将更容易地揭示上述的因果关联。

伊莫斯对我的研究的实质批评在于:我的研究没法推导出基督教的超自然的确定性。然而对我而言,这种确定性是得不出来的,因为基督教的诞生史具有相对的、历史性的、有限的特征,它似乎只能靠明确的证据证实。然而一方面,证据不会因人严格否定奇迹、推出"证据不可能存在"这一抽象的结论而被消解掉;另一方面,证据不会因推翻假设的灵性意义而被消解掉。由此一来,研究将变得更烦琐了,它的结果不再保证奇迹的确定性,然而正如我相信下文证明清楚了的,它的结果并未否定掉信仰的确定性。伊莫斯不应将赢得这一结果的过程最终置于某种进退维谷的困境,即要么必须诉诸"从宗教哲学的证据",要么必须诉诸"宗教体验";伊莫斯还宣称宗教哲学以肯定某一特定宗教的形式存在,这本身就预设了宗教体验,因此他认为基督徒无论怎样在基督教与其他宗教之间作比较,都仍然会坚守他自己的特殊的基督教信念,或者说,他干脆放弃任何比较与建立关联的行动,或在作出决定性的立场选择之后,再去比较。一言以蔽之,一切宗教哲学都建立在自我欺骗的根基上,人习惯于把仅为自己所知的生来就特殊的东西设定为虚假的、具有普遍效力的基础,而不去承认这种确信的特殊性。

伊莫斯在此讨论的宗教哲学乃是一种危险的护教学。它的后果便是让每个人固守于他生来便信仰的宗教,让宗教的确信变为卢梭所说的"地理学问题"(une affaire de geographie),尽管出生于基督教世界的信徒有更好的条件发现超自然的因素。

显然,任何宗教哲学的研究皆预设了宗教体验,但它并不体现为生硬的非此即彼(Entweder-Oder)的形式,也即我们习以为常的教义学的和超自然的思维方式。历史学的本质毋宁是基于前设的再体验(Nacherleben)与再感觉(Nachempfinden),由此一来,我们就能体验其他宗教的生活,并且客观地看待我们自己的迄今设定好了的宗教体验,也就是说,审视自己宗教的有效性。宗教哲学的研究建立在体验的基础上,然而这指的绝非孤立的体验,而是多元的体验;绝非任何经教条肯定的体验,而是多元的、基于前设的再感觉。在各种体验到的价值之间作最终的决断仿佛一出确立公理的行动,不过行动动机的产生,靠的是衡量、排列眼前的诸价值,进而将它们同一个共同的概念关联到一起。用"非此即彼"武装自己乃教义学的方法,反之,从关联的视角出发,以"不但……而且……"(Sowohl-als-auch)的思路衡量诸价值才是历史学的方法,我们在此关心的便是从历史哲学的意义来理解历史学的方法。于我而言,使用历史学的方法,最重要的不光是立足于一个更宽广的、由大全概念构建基础来赢得基督教的确定性,而且要确保对于基督教的详尽的历史研究不受偏见左右。伊莫斯奠定的确定性正相反,它完全是偏见的产物。

如果说伊莫斯的文章是优异的、审慎的、富于教益的论辩之作的典范,那么海因里奇的一部取名耸人听闻的著作《我们还应当是基督徒吗?》(*Dürfen wir noch Christen bleiben*? 1901)则极其肤浅而粗鄙。在草率地提及拉加德①之后,将我同达尔文与施特劳斯②混到一起,③把我的学说归结为自然主义的发展理论。在他看来,我试图将自然因果性移植到人类生活领域,从而既认识不到伟大的天才对于历史的意义,也扼杀了内在生命的绝对价值与目标。他全然不顾我的大量论文,在这些论文里,我小心地构筑着发展学说、排除自然主义因果论的干扰。不止如此,他草率地评论说我"经历了几次摇摆后",最终在《论历史学与教义学方法》这篇短文里轻易地确立起了自己的学说;他还营造出这样的

---

① 保尔·德·拉加德(Paul de Lagarde, 1827—1891),德国文化哲学家、东方学家,鼓吹反犹主义和殖民主义。——译注

② 指大卫·弗里德里希·施特劳斯。——译注

③ 提到拉加德的地方,见于海因里奇著作的第14页,"拉加德对神学和教会的战争呐喊,深深地鼓舞了年轻一辈的学者";提到达尔文的地方,见于第11页;提到施特劳斯的地方,见于第24页,"值得注意的是,施特劳斯宣扬的方法和特洛尔奇的方法根本上是一致的,特洛尔奇呼吁的历史学方法必然会消解一切绝对的价值"。—— 全集版编注

假象,即同我比起来,威尔豪森①与费希纳②还算得上可被容忍的基督徒,尽管我曾在我的主要论文《宗教的独立性》("Die Selbständigkeit der Religion",《神学与教会学刊》,第 5 期,第 400,402,434,436 页)里多次明确援引费希纳的代表作《信仰的动机与根据》;对于威尔豪森的研究方法,我也曾讲到,我的论文试图将它转化成一套理论(同上文,第 6 期,第 102 页)。

从海因里奇的这篇粗糙的论辩文里,我们自然什么都得不出来。甚至他正面提出的观点,于我们而言也毫无用处。由于这篇文章混杂着令人眼花缭乱的谬见与暗示,故而我们读不出任何可靠的内容。但有一点是清楚的,而且我希望在此强调这一点,正因为海因里奇讲的东西如此缺乏体统,他反倒为我树立起攻击的靶子。

海因里奇研究基督教,遵循了历史学的方法,而且通过指明原始基督教团体同古典世界以及社会诸潮流的关系,他在自己可讨论的范围内,最大程度地丰富了研究成果。③ 然而一旦遇到令他不舒服的结论,他就抛开它们,宣称"这是由于不正确的提问导致的后果"(第 3 页)。"没有任何领域能像宗教领域那般,因错误

---

① 尤利乌斯·威尔豪森(Julius Wellhausen,1844—1918),德国新教神学家、东方学家,他在《旧约》和早期犹太教研究领域作出了开创性的贡献。——译注

② 古斯塔夫·特奥多尔·费希纳(Gustav Theodor Fechner,1801—1887),德国心理学家、物理学家、自然哲学家。——译注

③ 参见海因里奇的《柯林斯的基督教团体与古希腊的宗教共同体》(*Die Christengemeinde Korinths und die religiösen Genossenschaften der Griechen*,1876)以及《尤西比乌的教会史里的原始基督教》(*Das Urchristentum in der Kirchengeschichte des Eusebius*,1894)。——全集版编注

的提问招致如此混乱的局面。"对的,的确如此,这乃是因历史学思维和教义学思维混淆导致的神学的弊病,它赋予历史学最宽广的空间,但就在历史学同传统思想极端冲突之处,神学不得不准备好特殊的提问方式。海因里奇也指出了神学提问的秘密及其奇妙的结果,他的说法富于教益。在他看来,基督教的提问方式,必然总要包含以下几个前提:(1)基督教既被看作个别的历史现象,又宣称掌握了绝对且唯一的真理,那么它的教义学的、护教学的形象就不再同历史现象本身一致了;(2)一切不能由历史批判直接地、绝对地否定的内容(在此情形下,历史批判的标准应当被严格限定)必然都被神学视作可能的内容,这是一条特殊的神学原则;(3)如果说普遍的存在者即宗教概念预设了绝对超自然的事迹会实现,反过来,从宗教的大全概念,我们能期待特殊的神学结果,那么圣经叙述的历史便是可能发生的事实,至少是不可否认的事实,经它确证的传说的奇迹特征就要被认作实证的真理。

这种提问方式内含着一套作为预设的"世界观",它从不能靠理据证实并发展起来,而总是被包裹在不明确的提问形式里,尽管如此,它总归同所谓"由我提出的自然主义的世界观"背道而驰。鉴于要保留上述前提,它呼吁靠有效的历史学方法,无偏见地研究基督教的历史!但这样一来,针对基督教提问就类似于摆放一架捕鼠器,要是某些人认为基督教神学乃是一门不纯洁的科学,那么他们也不应当受到苛责。这意味着主要问题完全被忽视了,即当海因里奇宣称要用历史方法研究早期基督教时,同世界观以及类似因素毫无关系的历史研究本身是否会让他的意图化为泡影呢?

不止如此,海因里奇还放任支撑一切的根本预设(Grundvoraussetzung)不加讨论,这一根本预设便是特殊的、独一无二的超自然主义。它既有别于自然神论，也并非要去承认个体生命的绝对目标，去领会由伟大天才的灵性生命道出的不可推论的原始启示。我赞成超自然主义的以上特征，事实上，我和海因里奇之间的思想对立，本身限定在由超自然主义观念划定的界域之内。一切尚未明确，想要更精确地探讨它们也是无法做到的。故而我仅仅满足于用一句无害的反问来应对海因里奇的恶意中伤，问题本身即包含着答案，就算在海因里奇看来，我所提出的问题也合乎正确的神学提问方式：那些坐在玻璃房子里的人，即便处于安全一隅，也不应向外丢弃什么吧？

在展示了如此多扭曲和矛盾的看法之后，我应当怀着特别的喜悦之情提到奥伊肯的新书《宗教的真理》(*Der Wahrheitsgehalt der Religion*, 1901)，它的绝大多数观点都和我的立场契合，尤其同我对宗教的总体态度极其亲近。① 谁要是阅读了奥伊肯的这本书，就会感觉到，我从奥伊肯那儿学到了不少东西。但我同时想强调，我同奥伊肯在主要问题上达成的一致，毋宁基于我们各自完全独立的研究。

我的批评者一再指责我高估了自己的理论的原创性。对此，我不敢苟同。因为我总是强调说，我的理论探讨的乃是古老的却未经充分思考的问题，它们看似被解决了，实则仍为疑难。这些问题是那样古老，最后，我只需引述两部经典文献，读者便可一窥究竟。毫

---

① 马克斯·莱施勒是这样确定特洛尔奇的学术地位的："特洛尔奇对我们时代的科学状况的描绘并非完全新鲜的东西，新鲜的只是他的热情，他以此改变了科学生活以及我们理解神学的方式。"参见马克斯·莱施勒的《神学里的历史学与教义学方法》，1901，第268页。——全集版编注

不夸张地讲,正是这两部文献,使我萌生了写作本书的动机。

康德致哈曼的一封信里,如此评价赫尔德的《人类最古老的文献》一书:

> 如果一种宗教建立起来,在其中,对古代语言的批判性研究以及语文学和古物学的博学知识,构成了一切时代里的所有民族生活的基石,那么那些最精通希腊文、希伯来文、叙利亚文、阿拉伯文等文字的人,同时还有那些最熟悉古代文献的人,就拖曳着所有正统人士,无论这些正统人士看上去多么不高兴,也都像孩子一样,被人随意地拖来拖去。他们不可以抱怨,因为他们在承认自身具有证明力的事情上,无法同博学者较量,于是只得胆怯地看着一位像米夏埃利斯①这样的人物重熔他们的宝藏,给其打上了完全不同的印记。如果各神学系逐渐不再强调让住读生习读这种类型的文献(至少我们这里的情形似乎如此),如果唯有自由信仰的语文学家应当掌握这种伏尔坎②的武器,那么那些蛊惑民心者的威望就完全走到了尽头,而且他们将在他们要教诲的东西上不得不向文学家征求教导③……这些文学家不会让一个未被祝圣的人从他们的自己的土地上轻易地夺走这样的战利品。

---

① 指约翰·大卫·米夏埃利斯(Johann David Michaelis, 1717—1791),德意志神学家、语文学家、东方学家,近代圣经学奠基者。——译注

② 伏尔坎是罗马神话里的火神、锻冶之神。——译注

③ 着重号为特洛尔奇本人所加。——译注

(《康德全集》,第十卷,1900,第153页)

康德的论述仍然适用于今天,目前,神学系承受着教会和政治党派施加的压力,对原始基督教的自由研究也日益遭到语文学家的批评。形势已达到十分确切的地步。

然而,假如有人提出反对意见,指出历史现象里的宗教价值并不是从历史现象里产生出来的,它们只源于某种实践的立场,那么施莱尔马赫的话就适用于此:

> 渴望尚未显现的神灵显现出来,这一状态必然预设了普遍的人类精神(唯独有此,渴望才存在着)同普纽玛($πνεῦμα$),也即基督教的神圣原则之间的结合。然而若无各成分的一致、在此即普遍的人类精神与基督教精神的同一,那么两者的结合便无法想象。这样一来,我们似乎触及了所谓理性主义的基督教观点,据此而言,基督的普纽玛无异于普遍的人类精神,或者说是更高层次上的普遍的人类精神。但我们也可以说:"这必然预设了,两者是一回事,因而普遍的人类精神即普纽玛,不过是更少力量的普纽玛而已。"一旦我们说,更少的力量不能靠自己提升为更大的力量,这样一来,我们就把似乎合乎理性的事物和超自然的事物结合到一起了,两者间的差异也消失了。如果人们追踪两者的对立直至其终点,那么他们必然会得出上述结论。(《基督教伦理》,1843,第303页)

如果说康德的言论为我们指明了18世纪中人的首要感受,道出了历史研究的多样性及其条件,还有它们各自研究的现实的条件,那么施莱尔马赫则展现出德意志唯心主义克服历史相对性之道,对此,他采纳的并非教义学的道德原则,而是一种本体论的历史研究方式。我认为我们最终要沿着施莱尔马赫开辟的道路前进,即便他并没有给出最后的答案,而且今天的历史学为之设置了种种难题,因为我们无法像施莱尔马赫所说的那样,将提升精神力量的期望仅限于基督教的范围内,同样无法将基督教建构为绝对的、超越一切历史限度的精神之实现过程,只要基督教仅由基督的位格决定。在这一点上,康德思想的倾向体现得尤其强烈。而对此,施莱尔马赫已道出自己的顾虑,如同伊莫斯准确说明的(第7页),靠人为方式将宗教哲学的考察与基督教社团的自我证明结合到一起,将陷入重重困境。① 本书致力于重新探讨这些难题,并且尽可能地在悬置辩证法的平衡技艺的前提下克服它们。

---

① 参见伊莫斯的《对立于宗教哲学的教义学的独立性》。他认为,施莱尔马赫从伦理学、宗教哲学与护教学发展出了一套完整的信仰学说(Glaubenslehre),首先为了确定虔敬的本质,接着为了根据发展的各个阶段展示不同的虔敬共同体,最终为了强调基督教的真正本质。这是施莱尔马赫提出的"百科全书计划,他是从双重不可能性出发来作推导的,一方面不可能用纯粹科学的方式建构基督教的本质,另一方面与之相对,不可能用纯粹经验的方式得出基督教的本质。这样一来,他就只有靠批判的方式,通过对照基督教的既定内容与虔敬共同体间的可能的差异,来确定基督教的本质"。伊莫斯在此针对的是施莱尔马赫的《神学研究简论》(Kurze Darstellung des theologischen Studiums zum Behuf einleitender Vorlesungen, 1881)一书,伊莫斯指出,施莱尔马赫的计划将会给他带来"相对于他所致力达成的目标的不小的困难",即"他希望教义学根本上独立于哲学存在"。——全集版编注

第一章①

① 英译本为本章取的小标题是"基督教绝对性的问题的背景"。——译注

毋庸置疑,18世纪以来发展壮大且逐渐占据支配地位的现代世界形态,已然展现为一种独特的文化类型。它有别于古代世界文化和天主教会文化,而早期的正统的新教尚未同天主教会截然分离开来。晚近世界的最重要的基本特征之一,即形成了一套完整的关于人类事务的历史观。

现代历史学建立在统摄人类全体的观点的原则之上,它既发端于启蒙哲人针对旧有政治与社会制度的批判;也源于宗教改革时期,新教对天主教传统的斗争、对教会和古典语文学的更新。随后,经德意志唯心主义孕育出伟大的、基于发展史的世界图景,现代历史学进一步深入人心,最终成为一门独立的学问。面对研究对象,它具备一种特殊的思维与研究方式,并且靠着自己取得的辉煌成果,证明了自身的价值。现代历史学越摆脱既定的形而上学的偏见,同时越独立于自然科学的概念构成方法,它就越体现为一切世界观的发源之所(Zentralherd)。[1]

---

[1] 参见文德尔班,《历史学与自然科学》,斯特拉斯堡,1894。李凯尔特,《自然科学的概念构造的界限》,第一卷,弗莱堡,1896;《文化科学与自然科学》,弗莱堡,1899;《历史学的普遍性的四种模式》,1901。齐美尔,《历史哲学的问题》,莱比锡,1892。狄尔泰,《一种描述与分析心理学的观念》,柏林科学院会议论文,1894。明斯特伯格(Hugo Münsterberg),《心理学的基本特征》,第一卷,莱比锡,1901。奥托·里敕尔(Otto Ritschl)在《精神科学的因果观念》(波恩,1901)里公开批评了明斯特伯格的这本书,因而我在此使用的

113　　　当然,这并非意味着现代历史学仅仅是要强化过去使用过的研究方法,毋宁说,它完全是新东西,是研究视野大大扩展的结果,它追溯过去并扩充当下的全部视域。人们曾对所有占统治地位的文化类型和价值体系的效用深信不疑,但如今,原本天真的信心动摇了。它们同其他的文化类型和价值体系一道变为历史研究的对象,在比较的基础上,价值标准产生出来了。故而现代历史学终结了教义学的概念建构,后者靠一些相对简单的概念,如启示或自然的理性真理,将其天真的有效性要求实体化了。相反,前者从历史本身赢得了一个全新的原则和思考的方向。

114　　　古代的历史学叙述的是各个国家的历史,它开启了历史批判的序幕,在类比的、心理学的历史领会方面取得了辉煌的成就,并

仅仅是类型的概念。[1] 除了上述书目,可进一步参见奥伊肯,《人类意识里的精神生活与人类行动的统一》,莱比锡,1888。最后还有我的论文《神学里的历史方法与教义学方法》(莱茵教士联合会的神学论文,1900)以及我为赫索格(Johann Jakob Herzog)的《实用百科全书》所撰写的"启蒙""德意志唯心主义""自然神论"词条,在其中,我尤其澄清了现代历史观念的发展史。最近我在我的《康德宗教哲学中的历史》(1904)一书里推进了这项研究。格罗滕菲尔德(Arvid Grotenfeld)的《历史学里的价值评判》(1903)与戈德斯坦(Julius Goldstein)的《休谟的经验历史观》(1903)探讨了这个问题的一个重要方面。最后可参阅科勒(Walther Köhler)的《教会史里的观念与人格》(1910)。

1. 奥托·里敕尔批评明斯特伯格的心理生理学研究把人设定为社会性的个体,用机械论的方式研究人与周围自然物之间的因果关系。相反,里敕尔将个体的人视作代表了整个人类行动方式(Betätigungsart)的例子,他呼吁用建构类型的方法研究精神科学。故而特洛尔奇在此提到用类型的概念。——全集版编注

且树立起政治的和爱国主义的历史评价标杆。天主教的历史学面向的则是全人类的历史,然而它并非只用纯粹教义学的标准,将基督教的、天主教的和古典的文化绝对化,而且用纯粹教义学的公设判定所有重要的事务,用教义学的批判统摄一切,因此它几乎彻底摆脱了任何同情的倾向和技艺。在上述两种情形里,历史学皆是占统治地位的文化观念的补充物,是国族的、理性的规范观念或神学的规范观念的补充物。

相反,现代历史学采纳了批判的史料分析和心理学的类比推论方法,展现出各个民族、文化圈和文化地域的发展史,它使得一切教义消融于事件的流逝之中,它以同情的、公正的姿态对待所有现象,遵循各个现象自身的标准来衡量它们,继而将它们结合成一幅完整的图景,以此展现人类生成进程里的诸连续的、相互依存的现象整体。尽管我们的认识充满缺陷且模糊不清,但我们总努力地构建着现象的完整图景,并到达了不同程度的完善境地,而它最终又被我们视作判断人性规范与理想的前提。由此一来,现代历史学不单意味着一种研究事物的角度,或一件满足部分求知欲的工具,而且是我们思考一切价值与规范所立足的基础,是作为人类的我们反思自身本性、起源与希望的媒介。

我们很容易便可看出,现代历史学多么深刻地影响了基督教思想,然而与其说是某些特殊的历史研究成果促成了该结局,不如说现代历史学为基督教的思维方式设定了一些明确的前提。和历史上所有伟大的宗教运动一样,基督教自诞生起便天真地相信自己的准则即真理,随后,护教学的反思通过将矛头针对所有非基督教信仰,强化了这一天真的信念。非基督教信仰逐渐沦落成人类普遍会犯的过错,相反,基督教越发升华成神的创制,人从外部的奇迹和内心的惊奇①中便可认出它来。再后来,教会哲学与神学完成了教会概念,作为一个超自然的机构,教会实施绝对的奇迹,在皈依(Bekehrung)和圣礼(Sakrament)的奇迹里自我证成,可以说教会存在于历史里,但绝不能说教会从历史里产生。因为流俗的历史学由人所写并受制于人类确立的真理观,所以它遍布罪恶和谬误;唯独由教会撰写的历史才给出了绝对确切的真理,即便它没有绝对地穷尽全部真理,之所以如此,是因为教会书写历史的力量并不来自人类历史,而是直接源于上帝。

现代历史学从根本上瓦解了护教学的思想结构。为了对抗唯理主义对基督教思想的稀释后果,基督教的独特的历史品质有待重生,这一任务通常被看成复兴教会神学任务的组成部分。但事实上,它如今要做的只是将基督教视作一个个别的历史现象,把它同其他伟大的个别现象一道置于历史尤其是宗教史的进程之内来考察;与此同时,因为传统的规范概念被继承下来,所以它仍然要将基督教的历史理解为无谬误的现象。现代历史学慢慢消解了护教学在外在奇迹同内在奇迹之间造成的隔膜。因为一旦我们思考"奇迹",就会意识到从历史学出发,不可能必然信仰基督教的奇迹,同时否定非基督教的奇迹。尽管我们可能会从内心生命的伦理力量里发现某些超自然的奇迹,然而我们无法推导出,基督徒的生活超出了感性世界,成为超自然的存在者,柏拉图

---

① 外部的奇迹与内心的惊奇,可追溯到马丁·路德的区分"两种神奇的业绩"(zweierley wunderwerck),一方是"发生于肉体的奇迹",另一方是"发生于灵魂的惊奇"。出自路德的《七旬斋训谕》(*Predigt am Sonntag Septuagesimä*, 1535年1月24日)。——全集版编注

或爱比克泰德①的信徒则沦落于自然世界。如此一来,任何将基督教从其他历史事件里分离出去的做法,以及任何认定基督教的诸形式特征即绝对准则的信念,统统靠不住了。尤其当我们意识到,基督教就其内容而言仅仅展现的是神圣真理的片段,而且它产生的也是人世间不完美的效果,我们就更不可能将它从历史中孤立出去了。

反过来说,如果我们将基督教的原初历史(Urgeschichte)同基督教之前的以及基督教之外的历史结合到一起来看,如果我们比较基督教和其他历史现象,进而以类比的结果充当批判性地研究传统的材料,如果我们运用现代心理学的方法考察宗教和宗教思想的生成过程,那么我们必然会在澄清基督教这一宏伟历史现象的事业上赢得胜利。以此为基础,我们证实了对孤立地看待基督教做法的怀疑。教会护教学家为了论证基督教的规范性真理所提出的证据,单纯出自基督教本身,却从未以更宽广的视角审视历史,即便到了今天,情形仍是如此。

既然从现代历史学的观念看来,此前教会证明基督教的规范有效性的思维模式已告无用,故而人们现在尝试从历史学的原则和人类的全体历史出发,以新的方式达至目标。他们视人类历史为一个整体,这一整体同时遵循因果论和目的论的原则运动,在此之中,宗教真理的理想一步步地实现,直到一个确定的历史时点,即在基督教的历史现象里,它的绝对原则也即它的概念完全地且彻底地实现出来了。换言之,应当遵循历史思维的发展,将

---

① 爱比克泰德(Epiktet,约55—135),罗马帝国时代的斯多葛学派哲学家。——译注

基督教置于宗教史之中，以历史的批判思维考察之。与此同时，因为无论对于历史整体还是作为其中特殊部分的宗教史，他们都是以一种无所不包的直觉（Intuition）和生气勃勃的思想构造来把握的，所以凭着普遍概念（Allgemeinbegriff），他们成功地克服了历史的完满内容同其各个相对的、个别的条件之间的张力。普遍概念意味着在它自身之中承载了自我展开的运动法则，即从低等的、模糊的萌芽状态朝着完满的、清楚的成熟状态发展。规范概念在不同的历史阶段展示着自我实现的诸样态。故而基督教表明自己是已经实现了的宗教概念，同各种经过中介作用或多少被掩盖了宗教概念的表现相反，基督教本身即绝对的宗教。实际上，这个世界里只有一种宗教，它就是宗教的概念和本质，它潜在地存在于所有历史宗教里，既作为它们的本原，又是它们要达到的目标。在基督教里，这一普遍存在着的宗教本质不受任何中介的束缚而整全地、完满地显现出来了。如果说基督教无异于普遍潜在着的宗教概念，并且唯独它是宗教概念的完整表达，那么很显然，它就是规范的宗教真理。这样一来，古老的、反历史学的护教学思辨就被新的、同历史学相融的护教学思辨取代了。与此同时，基督教概念作为宗教概念的最终实现，事实上充当了现代护教学的基础。

  在莱辛、康德与赫尔德的历史哲学指引出现代护教学的沉思方向之后，施莱尔马赫与黑格尔这两位德意志唯心主义的引领者，以及现代历史批判神学和宗教实证论神学之父，尽管讲述的具体理论不同，但对待首要事务的态度是一致的，他们都致力于用唯心主义的概念结构为基督教奠定坚实的基础，从而揭示神学的规范的宗教真理。施莱尔马赫更多地强调历史的、实证的、个体的因素;黑格尔则通过牢固确立下来的发展概念,更清楚、更有力地勾勒了历史的框架。因此,在神学形态建构方面,黑格尔对后世的影响,比施莱尔马赫大得多。宗教本质的相关概念是什么?宗教本质如何在宗教史里演进?基督教又怎样发展为绝对宗教?这些问题从此时起成为所谓现代神学或自由神学的护教学基础,尽管现代神学的具体形态之间存在着细微的差异,但它们预设了相同的护教学前提,并且有力地为许多更具超自然色彩的理论体系提供了给养。从现代神学里,把握基督教历史本身的需要亦萌生出来了,它采纳批判史学的方法,指明耶稣的人格乃绝对宗教的担当者和突破口,宗教的绝对概念既在他身上实现,也通过他反映基督教的理念或原则,进而,现代神学得以立足于一个统一的概念,建构甚至评价宗教史的发展。①

---

① 斐迪南·克里斯蒂安·鲍尔(Ferdinand Christian Bauer)在其《头三个世纪的基督教》(图宾根,1860)一书导言里论述了该原则。[1]除了鲍尔的这本出色的著作,我们在此首先想到的是爱德华·开尔德(Eduard Caird)的《宗教的演化》(格拉斯哥,1894)以及奥托·普福莱德尔(Otto Pfleiderer)的《以历史为基础的宗教哲学》(第三版,柏林,1896)这两部杰作。至于如何将上述原则特别地用来解释基督教以及耶稣的人格,凯姆(Karl Theodor Keim)的论耶稣生平的作品总归值得关注,尤其他在《基督的历史》(第三版,1866)一书里所作的教义学和宗教哲学的阐释工作是了不起的。据我所知,虽然研究施莱尔马赫与黑格尔的历史哲学以及宗教学理论的文献已汗牛充栋,但仍缺少从更宏大的观点和更宽广的视野所作的解读。毫不客气地说,我们对德意志唯心主义的认识还很贫乏,尤其是其中极重要的历史理论和发展的哲学,因此神学家非常有必要从施莱尔马赫与黑格尔的著作领会上述有效原则。最近出版的这方面的著作有韦洪(Georg Wehrung)的《在施莱尔马赫同浪漫

这样一来，读者便可理解本书所提出的问题的意义了。

"绝对性"的说法源于现代演化论护教学，而且只有在此前提下才有一个确定的意义，它囊括了普遍的宗教史视野，它承认一切非基督宗教为相对的真理，它将基督教的构造（Konstruktion）视作由相对真理最终实现了的宗教的绝对的、完满的形态。"绝对性"这个词本身、它的前提和内容皆为现代学院术语（Schulbegriffe），并且它们受制于一切人类事件被现代历史学拉平化（Nivellierung）的后果。

派的友情时代里，他的历史哲学观点》（1907）以及《施莱尔马赫的哲学与神学方法》（1911），聚斯金德（Hermann Süsskind）的《施莱尔马赫学说里的基督教与历史》（1911）。在教会信仰学说方面，施莱尔马赫的思路最终断裂。相较之下，黑格尔的思想是更伟大的、连贯的体系。关于黑格尔的历史哲学，最近出版的拉斯克（Emil Lask）的《费希特的唯心主义与历史》（1902）作了简要讨论，威廉·狄尔泰的《青年黑格尔》（1905）也精彩地探讨了这个问题。

1. 在《头三个世纪的基督教》第二版导言里，鲍尔宣称他的理论的起点是用纯粹历史学的方法研究基督教，"基督教就其起源而言，要被视作一个既定的历史现象，也就是说，要以历史学的方法来把握"（S. VIII）。因此，"基督教的原初事实，在于上帝的独生子从上帝的永恒宝座降落人间，由一位处女孕育而生"。要理解这个事实，"就要把历史的总体关联吸收进来并尽可能地分解成自然的因素"（第1页）。除了规整"时代的整体意识"，"必须要将宗教的、精神的世界的发展置于一个内在的、客观的关联中看待，它不仅构成了基督教的普遍性格，而且构建了基督教的绝对性格"（第8页）。鲍尔从"基督教的灵性性格"里看到了"其绝对性"（第9页）。他从"创世者的人格"里认出了"基督教的真正性格"（第22页）。"基督教的全部历史含义"也系于此（第36页）。——全集版编注尽管如此,现代演化论护教学无论从其动机还是所要达至的目标而言,都同正统的、超自然的神学极其亲和。正统的、超自然的神学经过现代转型,已经认识到历史学的重要性,它让外在的奇迹退回内心的惊奇之后,使之隶属于内心的惊奇,并且强调这样做的功能(Funktion)在于确保救赎的绝对信念。① 而那些无

---

① 从根本上来说,这是弗兰克(Franz Hermann Reinhold Frank)神学的意图和成就。在我看来,弗兰克神学代表了现代正统神学的最伟大、最深刻和最清楚的发展道路。对此,读者可参考上文提及的伊莫斯的论文,以及他的更宏大的著作《基督教的真理确定性、它的最终根据与起源》(1901)。伊莫斯著作的最终意义在于将超自然的确定性追溯到人类内在的心理学因素,由此出发,才能知晓外在的形而上学与历史的因素,领会上帝施加于罪人身上的奇迹和《圣经》所证实的救赎事迹的神奇启示。[1] 但要理解最终的决定性的转变(Wendung)恰恰是件很难的事情。伊莫斯相信弗兰克并未解答这个问题,因此他下决心彻底解决它。他成功了吗? 我认为并没有。值得注意的是,天主教神学正从事着相似的事业,它抛弃了用外在的、历史的权威证明奇迹的办法。参见拉贝托尼埃(Lucien Laberthonniére)刊登在《法兰西教士评论》(1901年2月)上的《帕斯卡的护教学与方法》。这位天主教哲学家在此紧密地依偎于帕斯卡,而且他采用了弗兰克神学的富有教义的术语,称自己的研究方法为"内在的方法"(la méthode de l'immanence)。最后,即便如贝克(Johann Tobias Beck)与卡勒(Martin Kähler)的出众的神学体系,也奠基于相似的基本思想上。参见我发表在《哥廷根学术汇报》上的对卡勒《教义学的当代问题》一书的书评(1899,第942页及以下诸页)。卡勒研究耶稣布道时所持的矛盾立场,恰恰彰显了从历史学考察这个问题的困难,当然,卡勒遭遇的难题和弗兰克不同。[2]

1. 伊莫斯在其《基督教的真理确定性》一书的第86—123页里探讨了弗兰克神学的地位。弗兰克的所谓"确定性的体系"期望将"基督徒自己内心的确定性"同"真理的确定性"结合在一起(第92页)。——全集版编注

法必然确认、证实内在奇迹的外在奇迹就统统被历史学牺牲掉了。无论现代演化论护教学还是正统的、超自然的护教学,都致力于论证基督教思想的规范效力,毋庸置疑,这对神学来说是不言自明的任务,在任何情形下,神学都要寻求规范的宗教知识,而不只停留于对普遍的宗教史的兴趣。这两种护教学皆希望通过将基督教置于一个原则上独特的地位来证实其规范效力,它们不满足于基督教作为一种事实上的最高者和最终者,还要证明这个最高者和最终者是唯一的真理,从概念上讲,它必然同其他事实对立。这里值得注意的是,基督教的原则性的独特地位是经概念证实了的,它遵循着从一种普遍关联里产生的概念的必然性。那么必然源于普遍的宇宙关联、作为神圣真理全体的东西是什么呢?显然,它不光是环顾自己周遭生活之人所得到的一个最高的、最终的真理,而且是对于世界与上帝、时间和永恒而言唯一的因而无与伦比的真理。两种护教学之间的区别,仅仅体现在它们论证这一思想的方式上的差异。

正统的、超自然的护教学通过考察宗教真理产生的形式,为基督教赢得了独特地位。从这种思维方式看来,人自从被上帝创造出来,遍身就涌流着上帝之爱,他被指引着去获得关于上帝的完满知识。虽然由于罪恶的黑暗,人和认识之光分离开来,但是他保留了朝向上帝的原始的、根本的动力,等待着某个时刻呈现

---

2. 特洛尔奇称马丁·卡勒为"圣经至上主义神学"(Biblicistische Theologie)的代表,强调圣经本身就能教育和塑造信仰者,同圣经的交流给予神学家神圣的启示真理,而且神圣的启示排除了任何由思考获得的科学知识。——全集版编注

全部的神圣真理。不过所有的人都摆脱不了主观、错谬、罪恶和无力的困境,因此他需要超越人类的上帝力量的临现。就上帝力量的形式而言,任何人类事件的形式都不堪与之匹敌;就上帝力量的内容而言,它只有突破人类灵魂的其他法则,最终才能显现神圣的效力。无论由上帝创世以来的历史显现的自然奇迹,还是至今一直延续的皈依的心理奇迹,都确保了基督教因果观的独特性,并且证实了一切宗教思想的前提皆是现实:宗教真理与生命力的体现,正在于它本质上克服了人类的所有谬误和无力的状况。

  但正统的、超自然的护教学仅仅停留于此。通过将基督教追溯至由宗教人必然认定的且在现实经验里展现出的上帝的绝对因果规则,通过在原则上将基督教同一切人类历史事物及其纯粹相对的真理与力量区分开来,正统护教学满足了自己对"绝对性"的要求。在这里,绝对性植根于奇迹,植根于基督教的周日因果性(Sonntagskausalität)的绝对性,与之对立的是非基督徒的劳作日因果性(Werktagskausalität)的相对性与间接性。超自然主义的原则在此起到了决定作用。就展现出的宗教内容本身而言,正统护教学其实深受两种观念的左右:其一,我们接纳的只是真理的保证金(Angeld)和抵押物(Unterpfand)而已;其二,对世界的畏惧、过错和罪恶统统被克服了,但无比澄明的上帝之光仅射出一道光线照亮幽深之所。这里并未谈到一种穷尽其概念内容的宗教知识;毋宁说只谈到如何根据形式性的类比,将基督教同其他宗教分离开来;只谈到一种直接经上帝宣示证明了的力量,故而拒斥同一切人类智慧混杂而成的产物。正统教义学把灵魂提升到不可通达的世界之内,对我们来说,这个世界很大程度上却是个隐匿的国度。因此,所谓"基督教的绝对性"并非由正统教义学创造出来的,正统教义学鼓吹完全超自然的启示,与之对立的所有其他事物就不是上帝的作品,而是人的作品了。他们理解的绝对性,实际上即排他性的超自然主义。①

演化论护教学就在这一点上同正统护教学分道扬镳。它懂得放弃正统护教学的不切实际的尝试,即从形式上论证基督教的特殊地位,而在内容和实质的方面,证明基督教的理念乃是宗教理念遵循概念的必然运动所实现的结果。"人"与"上帝"不再对立,相反,所有事物同时属人和上帝。② 现代思想无可辩驳地证明了因果关联的普遍连续性,它使教会的、教义学的超自然主义不再有效。但它能将这种因果关联视作"理念"实现的形式,理念在持续的运动里通过其因果关联展开了自身内在的生命内容(Lebensgehalt),因此神圣生命的运动成了一种遵循因果规则、朝向特定目的且自成一体的生命进程。这样一来,理念不只现身于宇宙

---

① 参见我同尤利乌斯·卡夫坦(Julius Kaftan)的论辩文《形而上学与历史》("Metaphysik und Geschichte"),刊于《神学与教会报》第8期。受李凯尔特的影响,我将卡夫坦很强的黑格尔式的视角转化成了一种批判性的观点;亦可参见我同李凯尔特的论辩文《现代历史哲学》("Moderne Geschichtsphilosophie"),刊于《神学观察》第6期。

② 从这里起,直到本段"可被意识到的上帝理念或宗教理念"处,第一版文字是:"但上帝是一个作为目的的意志(Zweckwille),通过一切有限者的作用影响着自己的实质内容,进而我们认识到,人类的全部历史无非一种神性的人类目的的理念的实现过程。如果说'人类'理念的核心在于它关联着所有现实的神性渊源,那么宗教理念的完满的、彻底的实现,便同时预设了人类理念的实现。"——译注

的各个时空点,而且可以由任何时空点的现身情形重构出来;对于最终的意识来说,它变成了可被意识到的上帝理念或宗教理念。在人类现实生活的全部意义和联系里,宗教理念必然首先逐渐地显现着其内容和本质,与此相伴,人类的意识也在一步步地展现着自身的深度。但宗教理念必将达至最终目标,完全地实现它的概念,而所有其他迄今为止受阻滞的、仅仅生成着的和被预示的东西也将寻得最终归处。

因此一切宗教皆是来自上帝的真理,每个宗教都对应于精神发展进程的各个普遍的阶段。但无论如何,必然存在着一个最高的、最终的阶段,它表明自己完满地实现了精神发展的法则。为虔信者指引内在生命的持续而神圣的基地(Boden)的,并非奇迹与皈依的护教学,毋宁是对基督教思想之永恒内容的深思。虔信者透过源于上帝作为之本质的稳固法则看到了这一神圣基地。于是,从发展的法则里,怀着肃穆的敬意感的虔信者认出了他所必然立足的崇高山峰,站在山峰上,他一览我们地球历史中蕴含的上帝伟力,并且崇敬地见证着上帝目标和力量在历史里的实现,由此观之,混乱的现实变得水晶般澄澈清晰,喧嚣的日常宛如闪耀着必然性光辉的仙境。如此这般的宗教地形学(Geologie)教导虔诚者,启发他们领悟这片仙境内的所有土地和领域,皆是通往山峰的必经之路,它们依山峰而建,山峰则是它们全体的冠冕。虔信者掌握的显然不是上帝的绝对知识本身,因为唯独上帝自己才拥有这样的知识,而是人类所具有的上帝知识的绝对实现过程,它遵循着自身的概念和真正的目标,穷尽发展的潜力。这就是所谓的上帝知识(Gotteserkenntnis),它意味着人既是上帝的造物,最终也要回归上帝;人既扎根于无限,又要经献身活动耗尽、升华自己的有限的精神。

只有在此背景下,"绝对性"的说法才具有了完整的意义。它意味着努力朝向全然清楚的理念最终自我领悟了,或者说,它意味着上帝在人的意识里的自我实现。演化论护教学乃替代教会、教义的超自然主义的思辨学说。①

正统的、超自然的护教学与演化论护教学都理所当然地认为,要证明规范的宗教真理存在,只能诉诸人类宗教力量的独一无二的展开(Erschliessung)的学说,它由概念的必然运动得出来;这也就解释了为何两种护教理论既强而有力,又引人入胜。规范问题和现实历史里的纷繁复杂的现象截然相反,当这里所说的规

---

① 参见黑格尔的《宗教哲学讲演录》第一卷。特洛尔奇使用的是由菲利普·马海内克(Philipp Marheineke)编订的十一卷《黑格尔作品集》(1832年第一版,1840年第二版)。黑格尔写道:"关于宗教哲学与实定宗教的臆想对立,这里只要指出以下情况就够了,不会有**两种理性**和**两种精神**,不会有一种上帝的理性和一种人的理性,不会有一种上帝的精神和人的精神,它们是**完全不同的**。人的理性,即其本质的意识,是理性一般,即人之中神圣的东西;而精神,只要它是上帝的精神,就不是彼岸星辰界、彼岸世界的精神,而是上帝就在眼前,无所不在,并作为所有精神中的精神存在着。……在思维中完成的理性训练,并没有与这种精神相对立,因此,这种训练也不会与精神在宗教中已经创造的作品全然不同。……如果教会或神学家的教义变得理性的话,他们可能会蔑视这种援助(Sukkurs)……但是,如果认识的需要和认识与宗教的冲突已经产生,这种蔑视就不再有什么用处,而是种虚荣。"[1]——全集版编注

1. 这段引文参照《宗教哲学讲演录》的中文译本。参见黑格尔,《宗教哲学讲演录》,第一卷,燕宏远、张国良译,北京:人民出版社,2015,第22—23页。——译注

范之意超出了我们单纯靠认识掌握的规范,当规范意味着唯一的、永恒的、通过概念把握的真理,那么我们似乎总能用上述两种护教学的方案,确定无疑地解决规范问题。

事实上,一旦我们涉足《圣经》和教会史研究的领域,免不了要遭遇一些古老的超自然的护教技艺,它们往往显得狭隘、虚假甚至令人难堪,然而无论我们多么困惑,却一再强烈地受到宗教思想本身的感召。但大多数人总会偏离正确的道路,只要他们在现实生活里实践宗教知识,便和谬误形影不离了。

即便我们迷失了道路,却仍然保留着寻回正路的另一种可能性,它就是演化论护教学,其宽广而辽远的视野,其强大的统观力量,其消融一切外壳和形式于思想之火的纯粹能量,一再吸引着虔信者追随。它唤起虔信者对上帝现世作为之意义与关联的神圣信仰,赐予他们稳固不易的指南针,引领着他们穿越尘世的纷乱,朝着一个永恒的上帝的思想前进。毋庸置疑,要将地球上发生的全体事件变成一座通透的水晶,以此激发观念的力量,乃是一件极其困难的事情。然而一旦其他道路都走不通了,唯独剩下一条路,那么演化论护教学似乎就是这条唯一的路。换言之,如果将基督教从历史现象里孤立出去,视之为唯一的真理,进而将它的独特性追溯到一种特定的神圣因果关联的做法不再可行,那么为了实现目标,我们只能去寻找对所有宗教都适用的概念,去揭示唯一真实且普遍的事物(Sache)的概念如何在基督教里实现。

故而谈及基督教的"绝对性"时,两种护教学都同样严肃地思考了这一主题。他们对"绝对性"的基础问题有伟大而清晰的思想,并且怀着真诚之心着手奠定和实践它。相较之下,当今的许多神学家习惯于蔑视上述两种护教学理论,这又是多么肤浅和无知的行径！于是，理论立马报复了神学家的狂妄，它不断地借给他们矛盾重重的术语，正像我们看到的，正统教义和黑格尔的思辨常常被今日的神学家说成"充斥着难以理解的优越感"的东西，无数次地被他们宣告了死亡，但这些宣告死亡的人又在干什么呢？他们总在使用这些被说成死去了的话语，却不懂话语的根基与内在生命。

所以对今天的许多人来说，"基督教的绝对性"这一说法已经沦为褪了色的概念，尽管它仍能调动起世人的强烈激情，但在他们笔下已无多少具体意义了。在一些人看来，它仅仅是一个现代的、听上去中立的科学术语；人们用它指称超自然的启示，却不为启示奠定任何确切的概念基础：它如同许多人在神学宴会里戴上的松松垮垮的科学面具。在另一些人看来，它更多地意味着基督教就其特征而言，乃是最终的、完满的宗教，但这些人对于证实基督教的完满性（Vollkommenheit）没什么焦虑感，他们没能认识到，无论基督教完满性的根据本身，还是对完满性观念的信仰等同于穷尽一切经验现象的信仰这一事实，都需要持续的阐明活动。除了以上两种人，还有人干脆将"基督教的绝对性"理解为基督教对唯一真理的"要求"（Anspruch），①虽然该要求同所有其他类似的

---

① 特洛尔奇在此影射的是阿尔布莱希特·里敕尔的神学，参见里敕尔的《基督宗教教程》（Unterricht in der christlichen Religion, 1875）。里敕尔写道："基督教充盈了这样一种要求，即它要成为完满的宗教，超越其他类型的宗教以及自身的其他发展阶段，它是人类要去追求的，是一切其他宗教致力于实现的，但这些宗教目前仍模糊且不完整。基督教是完满的宗教，它使对上帝的完满认识成为可能。基督教宣称它的共同体来自基督耶稣，而基督耶稣作为上帝之子，对他的父亲有完满的认识，他从上帝的精神里得到了关于上帝的知识，上帝则在其精神里认识了自身。"（1966，第13页）——全集版编注

要求激烈冲突,但它属于基督教的本质,而且他们必定采纳了这一观点,当然,他们如此论述基督教思想的时候,并未否认要用极丰富的视角审视其他类型的真理与知识,比如自然科学或其他类似的科学。然而不幸的是,要求神学并没有像强调基督教那般,同等地考虑其他宗教。

对待"基督教的绝对性"这一极困难却又极重要的概念,上述几种处理方案皆漏洞百出、经不起推敲,它们比任何其他的问题更让今日的神学初学者困惑,令科学研究者恼怒。因此,要摒弃这些方案的话,我们就必须把握"基督教的绝对性"的唯一清楚而确切的意涵。纯粹规范效力(normative Geltung)有别于排他性的超自然的启示,也不同于宗教概念的绝对的实现,反过来说,后两者原则上也全然不同、互不相融。

尤其考虑到后两者的对立时,我们千万不要因各种古老的混合形式而陷入错觉。现代折衷神学(Vermittelungstheologie)喜欢拿它们当证据,称赞它们是两种护教学类型的融合体。古代基督教在迈入文化世界(Kulturwelt)的进程中,同其他宗教展开了激烈的斗争;在庄严的实践斗争与精神劳作里,它确立了同其他宗教的关系,同时和犹太人、和源于亚洲的各种学说与崇拜、和古代国家宗教与变革时期的诸哲学宗教建立了关联。尽管促成早期基督教成型的背景并非一种比较宗教史的视野及其突出的理论问题,而是各个宗教间的对抗,深陷其中的基督教必然要作实践和科学的决断。作为先驱,使徒保罗第一次将基督信仰视作一个全新的、独立的且普遍的宗教力量。然而他的理解仍单方面地依赖于犹太教,简单地预设了异教同犹太护教学或希腊的-犹太的护教学之间的对立。除此之外,保罗的教诲太过系于完全个人化的独特体验,即他所看见的耶稣形象、他内心里同律法以及精神占有者的斗争;保罗相信他的教诲能为继起的一代人理解,能满足他们的需要。

直到诺斯替派向基督教提出原则性的问题,已经教会化了的基督教在同诺斯替派的争辩过程中,拒绝了后者的部分教义,接受了后者的另一部分教义,进而确立起自己的最终地位。它为自己打造出第一副坚固的盔甲,即超自然的神启以及道成肉身的学说,借此,它辩称基督信仰乃完满的、最终的上帝知识,展现了根本上全新的、"绝对的"东西。但由未受教养的会众的信仰打造的盔甲之上,基督教还有另一副盔甲,它由教会的哲学家铸就。教会哲学的理论教导说,所有包含在异教的崇拜、神话、哲学和道德学说里的真理环节,皆是神圣理性在自然世界里的表现。通过神圣理性的道成肉身,通过基督的临现,它们升华了,纯洁了,并生成出完满的形态。于是基督教既是迄今为止隐藏起来的神圣秘密的公开,也是表现为"绝对的"形式的自然的理性真理。

不过就其内核而言,这种"绝对性"的成立依据首先存在于超自然的启示理论之中。此外,在基督身上显现的上帝的唯一性的学说,加上普遍的神圣理性学说和自然的伦理法则学说,实际上皆属于特殊的古代思维方式。它同宗教史发展的观念背道而驰,在后者看来,基督教的上帝知识意味着宗教史发展的顶峰,冷静的历史批判思维和目的论的历史观察在此合而为一。古代思维方式尤其不同于以宗教史的方式看待宗教史的做法。对古代人而言,国家宗教及其文化价值崩塌、冲突的结果,毋宁说是某些形而上学和伦理概念经受了一次完全非历史性的普遍化过程(Verallgemcinerung),并且实现了一种彻底的奇妙的融合(Synkretismus），即已然覆灭了的、变得无家可归的国家宗教的图像和神话，同上述形而上学和伦理概念随意地合为一体。① 一切改革宗教或构建新宗教的尝试，都免不了要掌握这种理性主义、融合主义的思想，对此，最成功的宗教莫过于基督教了。从基督教的眼光看来，诸异教根本算不得真正的宗教，它们完全缺乏宗教的类概念（Gattungsbegriff）。基督教本身就是启示而非宗教；其他宗教则无非涣散的、不成形的关于自然的上帝知识的哲思。然而这些哲思只有在澄澈的上帝之光的照耀下，才能在自身中得到理解，其余自然的却不清晰的知识，也要经上帝启示的奇迹获得。

对没落的古代世界来说，上述观念的融合不啻一场精神的拯救；到了古代晚期的科学精神的氛围里，它彻底合法化了。但它同演化论的护教学思想还漠不相关，即便在超自然的护教学看

---

① 参见我的《科学的境况及其对神学的要求》(*Wissenschaftliche Lage und ihre Anforderungen an die Theologie*, 弗莱堡, 1900) 一书, 第13—27页。在古代基督教神学与非基督教之间作一番比较, 进而指明古人如何"科学地"解释神话的意涵, 乃是件十分有价值的工作。关于古代基督徒的历史哲学, 可参阅哈纳克的《古代基督教的传道与扩张》(*Die Mission und Ausbreitung des alten Christentums*, 1902), 第177—179页。[1]

1. 哈纳克在此书里探讨了早期基督教的意识如何从耶稣的**门徒**传给其他人, 也即耶稣或上帝的**子民**。根据哈纳克的说法, 早期基督教的历史叙事包含了"普遍的确信"：(1)我们的民族比世界还要古老；(2)世界是按照我们的意志创造出来的；(3)世界按照我们的意志维持, 我们延迟了世界的审判；(4)世界里的一切皆听命于我们, 必须为我们服务；(5)世界里的一切, 包括历史的开端、进展和终结都向我们展示出来, 对我们而言都是透明的；(6)我们将参与世界的审判, 而且我们自己享受着永恒的喜悦(第178页)。——全集版编注

来，它还只是一个纯粹辅助性的观念。这种古老的理性主义、融合主义的宗教观沦落为普遍自然的、对所有宗教都有效的宗教本能与需要的单纯证明，沦落为纯粹的问题，而它的答案只存在于基督教的启示里。它还忘记了，这些问题与需要本身其实是基督教的产物，是由各个亲和于基督教的先导宗教孕育的结果。

由此一来，在基督教同其他宗教相比的"绝对性"这个问题上，古代教会的整体方案同现代的、历史学的思考方式没有什么关联。绝对性问题的解决，毋宁说分别系于两套伟大的理论体系：第一套理论的依据是绝对的奇迹，即超越了自然力的内心的重生；第二套理论的依据是发展史，即宗教的本质在基督教里的实现。

第一套理论看上去只从纯粹内心的体验及其内容推出有效的证明，但事实不止如此，它承认在受制于自然条件的心灵生活之上，存在着更高的灵性生命，因为诸宗教或其他人类精神造物的内容各异，所以灵性生命的深度和力量也有所差别。如果这套理论想由此论证基督教的特殊地位，那么它总要被迫证明突破了自然因果性的、特殊的基督教奇迹的因果体验，并且强调纯粹内心的惊奇的因果体验有外部根据，即道成肉身和基督教创制时代的种种原始奇迹。内心的惊奇冲破了历史的同质性（Gleichartigkeit）这一点无须证明，它的真正的惊奇品质需要伟大的外部原始奇迹充当支点。这迫使整套理论转向著名的护教学说，致力于将神圣事件从凡俗事件里区分出来，并为区分提供证据，但它越呼吸现代历史学的气息，越觉窒息。

于是对我们来说，只剩下唯心主义的演化理论可供批判与沉思。它本身无非一种尝试，即排除掉以魔法手段将基督教孤立出来的做法，而试图从纯粹历史出发，讲清楚基督教的效力与意义，因此它无须回溯古代教会学说的自我确定性。19世纪上半叶的神学鼎盛全奠基于此,无论圣经研究还是教会史、教义史研究,都从唯心主义的演化理论汲取了重要的力量,以此克服历史与信仰之间的张力。直到今天,当我们不再坚持教会的历史观念,却也没有形成关于基督教的更明确的思想时,唯心主义的演化论仍然是有启迪意义的理论方案。①

---

① 关于第一套理论,极有教益的著作是斯坦贝克(Johannes Steinbeck)的《神学与认识论的关系》(*Verhältnis von Theologie und Erkenntnistheorie*,莱比锡,1899),这本书从整体上确定了第一套理论在神学理论史里的地位。事实上,早在邓斯·司各脱那里,将内心的惊奇视为奇迹的做法,就已经被证明为不可能成立的了。司各脱批判"超自然的习性"(habitus supernaturalis),反对教会与权威施行的外在奇迹,参见斯贝格(Reinhold Seeberg)的《邓斯·司各脱的神学》(*Die Theologie des Duns Scotus*,1902),第130,310页。《主的牧群通谕》(*Encyclica Pascendi*)[1]的首要意图也在于拒绝用"生命的内在性"(immanentia vitalis)或"宗教的内在性"(immanentia religiosa)来为宗教认识奠基,因为它们危害到了奇迹与绝对性本身的基础,参见卢瓦西(Alfred Loisy)的《简单的反思》(*Simples réflexions*,1908),第16页及下页。关于第二套理论,参见哈纳克的《基督教的本质》(*Wesen des Christentums*)第41页:"福音显然不是任何像其他宗教那般的实定宗教,它既无特定的章程,也无特殊的倾向,它因此就是宗教本身。"相应地,可参阅此书第44页[2],尤其哈纳克的演讲《神学系的使命与普遍宗教史》第15页。"当人尽力思考基督教的时候,他就在思考宗教本身。"(第16页)[3]正因如此,那些无知的异端捕捉者把哈纳克的学说称作自然神论[4]。

1. 《主的牧群通谕》是罗马教皇庇护十世在1907年颁布的文告,关于这篇文告的影响与特洛尔奇本人的态度,可参见特洛尔奇的《现代主义》一文,收录于《基督教理论与现代》,朱雁冰等译,北京:华夏出版社,2004,第91—

问题因此变成了：作为宗教概念实现结果的基督教的绝对性理论，是否切实可行地取代了过去占统治地位的超自然的启示理论？这意味着去追问，唯心主义的演化理论从它自身出发，是否能回答我们时代的精神状况，至少我们的宗教状况的基本问题，

---

108 页。——译注

2. 特洛尔奇在此所指的哈纳克的文字是："但只有通过耶稣基督，每个人的灵魂才有了价值，以至于没有人再能撤销人的灵魂价值。人能根据自己的意愿选择是否追随耶稣，不过无人能否认，历史里的耶稣将人性提升到如此的高度。任何价值的重估都基于这一最高的价值。"——全集版编注

3. 哈纳克谈到福音派神学系的任务时说道："它必须拒绝对整个地球上的所有宗教承担责任。毫无疑问，当人尽力思考基督教的时候，他就在思考宗教本身。神学系希望获得的不仅是知识本身，而且是知识的效力。"——全集版编注

4. 特洛尔奇在此影射他在海德堡大学的对手、系统神学家与教会参事路德维希·莱默（Ludwig Lemme），后者在其论文《基督教的本质与未来的宗教》（"Das Wesen des Christentums und die Zukunftsreligion"，1901）里多次把哈纳克定义成一位自然神论者，比如他在第 85 页写道："哈纳克从自然神论的世界观里认识到的绝不是客观的神的效力，毋宁只是主观的人类的表象。"进一步地可参见此文第 33、85、108、164、194、198、211 页。马丁·卡勒也在 1901 年的教士会议上指责哈纳克为自然神论者（1901 年的讲话标题是《基督属于福音吗？》["Gehört Jesus in das Evangelium?"]），卡勒说"哈纳克的历史研究希望强调本质者和持存者"（第 24 页），这使得"事实里的非本质的东西只适用于一种主观的道德与宗教"（第 26 页）。该宗教观"发源于英国的自然神论者，继而通过法国传到了我们这里"（第 26 页）。关于哈纳克的《基督教的本质》的相关讨论，参见《出版界里的哈纳克的〈基督教的本质〉的接受情况》（1901）这篇文献报告，以及恩斯特·罗尔夫（Ernst Rolff）的《哈纳克的〈基督教的本质〉与当代诸宗教潮流》（1901）一书。——全集版编注

是否能从历史的多样性视野转向我们信仰的准则以及对生命的评判。

只有在这些问题的指引下,我们才能专心致志地沉思下去。假如我们得出了否定性的结果,这并不意味着唯心主义的演化理论的普遍前提即历史思想本身被冒犯了,毋宁说,我们要在它的基础上去寻找更少阻碍的答案。

第二章①

① 英译本为本章取的小标题是"演化论护教学的再检讨"。——译注

性的事物的特征,从自身这方面来说,取决于每一次不可经理智推演的生命的内在运动,以及所有历史事件的相互关联。基于历史事件的关联,任何特定情形里的共同作用的力量都会产生特定的结果,哪怕这一结果包含了最普遍、最深远的意义,它也只意味着在特定情形里彰显出的生命的可能的,因此最内在的启示,尤其对灵性的生命(geistigen Leben)①来说如此。在灵性的生命这里,我们至少不可能事后(nachträglich)从现象里清除独特性,进而提取出一个隐藏的但发挥着效力的普遍者。因为只要在普遍观念出现之处,普遍观念本身都是从特殊的历史条件里生成的:一方面,通过同更古老的、占统治地位的生命内容的形态分离,它在历史的进程里必然地产生出来;另一方面,受到当前特定的智识和伦理因素的影响,它具有了自己的形式。

我们关于普遍的发展法则与历史价值的理论,每次亦受历史的和个体的立场左右。尤其对历史学而言,其中存在着一对无法消除的张力:一方是和既定的自然相伴的感觉、思想和欲望,另一方则是同自然情感斗争、缠绕的更高贵的精神内容,它和自然情感一道指引着一个独立的生命活动。因此,在任何情况下,我们都不能将之归到一个共同的、普遍适用的因果概念之下。无论如何,我们从历史里看到的都是对立力量间斗争的图景,一旦我们用一元理论指引历史研究,最终的结果只会有损我们的历史认识。正像历史学总和它的研究对象打交道,它就认识不了什么普遍概念。因为普遍概念在自身中包含着历史事件相继发生的

---

① 英译本用"创造性的生命"(creative life)翻译这个概念,并进一步解释为人类生存的智识的、文化的和宗教的维度。——译注

法则,所以和实际的历史学没有什么关系。因此,历史学不知道用一套普遍概念来把握内在于自身之中的一切现象,不知道所有个体事物的运动和产生的法则,由此一来,它也就不知道真正的价值的内容为何,不知道一切历史现象的标准是什么。对于那些在历史之中且依赖于普遍有效的准则、价值与理念而存活的事物而言,它们除了可被追溯至一个真实的普遍者,必然还有另一个存在的基础,尽管我们很难从个体事物的丰富内容里认出它来,但可以尝试从变动不居的个体事物的现象里抽象出持存者。

我们时代所有伟大的历史研究都采纳了这一基本原则。尤其在那些关于基督教历史的解读里,无论研究者是有意识地还是本能地使用此原则,我们都能从中体会到最生动、最透彻的思想。正因如此,威尔豪森的《犹太史》,尤里什的《新约导论》和《耶稣的寓言》,哈纳克的《教义史》令人印象深刻。如果我们牢记这一点,就不难发现,将基督教建构为一个绝对宗教的做法犯了多么大的错误。因为从历史著作转向以历史学为原则的教义学导论著作,常常会激起我们的不安感。

教义学导论致力于通观人类宗教生活的全体现象或所谓"宗教的本质"。① 这自然是我们研究的起点,而且并不因我们认识的

---

① 一个突出的例子就是理查德·阿戴伯特·利普修斯的《新教教义学教程》(*Lehrbuch der evangelisch-protestantischen Dogmatik*, 1876)。本书第一部分取名为"神学的原则学说",包括"宗教的经验现象"(第18—33节)、"宗教的形而上学本质"(第34—45节)、"宗教的心理学过程"(第46—66节)与"宗教认识"(第67—109节)。——全集版编注

缺陷就沦为无法把握的东西。同样,我们避免不了从心理学的角度分析一切宗教现象里的共通的、典型的事物,进而与之相伴地针对明确的宗教对象的实在性,发动更深入的认识论与本体论的追问。尽管探讨普遍概念乃是必要而关键之举,但我们的研究并不止步于此。毋宁说,"本质"这一普遍概念首先传达出的是规范的意涵(Normbegriff),这不仅意味着尽可能从各个宗教的价值来评判它们,而且意味着在这些宗教之中,规范概念最终明确地、完满地实现了自身。故而普遍概念或宗教的本质被视作一个根据内在法则孕育所有宗教的力量,它不单指普遍法则在诸宗教现象里呈现出的各个特例,更是指普遍概念自我相继实现的目的论序列,直至其完全且彻底地展示自己。我们于是将基督教看成这个序列的完结,看成普遍概念的绝对的实现。当然,我们首先着眼的并非每个具体的历史形态,而是以抽象方式确定的"本质"。

基督教的本质同基督教各个具体形态的关系,正如宗教的本质同各个具体宗教的关系。就像要理解诸宗教,必须从内在于它们的普遍概念出发一样,要理解基督教,也要从在它之中实现了的普遍概念着手,在研究的过程中,我们通常也会对基督教的经验现象作深入的批判。

这一思想的基本观念就很明确了。首先,它将历史追溯至一个普遍概念,而普遍概念意味着一个统一的、同质的、遵循法则运动的力量,它产生了各个特例;接着,它将上述普遍概念提升为规范概念(Normbegriff)和理想概念(Idealbegriff),它们指所有历史事件里的有价值的、持存的内容;最后,它通过发展理论将普遍概念和规范概念合为一个新的概念,用这个新的概念表现合乎法则的因果运动过程里的彻底的一致性,一方面,它发端于普遍概念,讲明了有价值的内容如何相继地产生出来,另一方面,它道出概念如何绝对地实现自身。

尽管如此,反对该思想的意见同样无法辩驳。这些意见指出,历史学根本认识不了什么普遍概念,仿佛有了它,就可以推导出一切事件的内容和次序,而只能认识具体的、个别的、每次都受制于事件之总体关联的现象,就其根本而言,它们是无法经理智推出的、纯粹实在的现象。因此历史学认识不了同实在的普遍事物相关的价值与规范,它所认识的价值与规范,总是只作为普遍有效的思想,或要求有效性的思想,它们始终以个体的形式出现,其普遍有效性也只在同纯粹事实的斗争中彰显出来。这样一来,历史学就认识不到发展,认识不了所谓事实上存在的合乎法则的普遍者如何通过自身产生出普遍有效的、有价值的内容,最终也认识不了普遍概念怎样在历史事件的关联里绝对地实现自身。事实上,历史事件的关联体在每个时点上产生出来的,无非特定的、有限的因而被个体化了的现象。

这一思想尤其在它的后果里暴露无遗,我们可以从四个要点概括之。

第一,我们关于宗教史的知识是残缺不全的,至少就宗教史的一些主要现象来说,我们不可能构造出既包含了规范概念,又包含了"规范概念必然实现为各个阶段"这一原则的宗教的普遍概念。即便有人说,我们在此质疑的普遍概念指的并非在确定的法则下的特例,而是结合了因果性和目的性的概念,它蕴含着在每一环节里朝自己所追求的目标运动的有效力量,但这样一来,我们既无法在普遍概念实现的更低阶段里看出它追求的更高阶段是什么,也无法从更高阶段看出更低阶段如何持续推进。毋宁说,我们以这种方式得出的宗教本质的概念和定义,尚未对应更低阶段,也不再匹配更高阶段,更准确地讲,它是虚幻的思想,它必定把幻觉置于每个具体的历史现象之内,让幻觉充当历史的核心。又或者,有人将基督教建构为宗教概念本身(大多数神学家无疑偏爱这一做法),而这根本上是对基督教作的苍白的形式化解读,因而无法为基督教提供更坚实的基础,不能将它描绘成值得追求的理想宗教(Idealreligion)。再或者,有人为各个具体的宗教强加了一些东西,这些东西事实上是由形而上学的沉思激起的虔信(Religiosität),一般说来,由现代自然图景影响的泛神论的宗教概念与之无异。

从上述情形里,我们可以彻底清楚地看到,过去人们尝试结合到同一个概念里的全部要素,如今分离开来,它们分别是:在宗教的典型的基本现象里真实存在的普遍概念;合乎标准的宗教真理的规范概念;各个历史宗教里的具体的、个别的现象。而且大量虚幻的、无确定含义的概念本身即清楚证明了,我们不可能将普遍概念进一步地提升为规范概念,或者反过来,不可能靠指出规范概念的共时性质(gleichzeitigen Eigenschaft),将它构建为普遍概念。

第二,比第一点还要糟糕的情形关乎普遍概念在历史发展进程里的绝对实现。这里包含了两个可能的情况。① 首先,它可能更强调普遍概念的因果方面,但这样一来,普遍概念的绝对实现

---

① 指强调普遍概念的因果方面和强调普遍概念的目的论方面。——译注

就处于历史形态的完整序列之内,很显然,不再有自为地、完整地开展自身概念内容的绝对宗教存在了。"理念不喜欢将它充盈的富足倾倒入一个单独的样本。"①当然,强调普遍概念的因果方面的想法可能会启迪历史学家,促使他们无偏见地、自由地研究宗教史,然而一旦他们不只想从宗教里看出历史研究对象,而且要去洞察生命的问题,那么普遍观念的因果方面的想法就不再够用,于是普遍概念的目的论方面总会一再被他们想起。但正是历史学家自己不可能放弃目的论的想法,因为他们不光想要得到关于过去事物的知识,还为了理解由历史启示出的价值而推进自己的研究工作。

如果我们更强调普遍概念的目的论方面,那么另一种情况就出现了:尽管人感到自己在朝着目标的方向前进,但在历史终结前,他根本不能谈论绝对的宗教,毋宁说,他应当在全部历史终结之前,始终期待着绝对的宗教。绝对的黄昏主宰着世界,直到密

---

① "理念并非靠将自身的充盈富足倾倒入一个样本来实现自身,也并非渴望同其他所有的样本对立。毋宁说,它的实现要求样本的多样性、样本间的相互补充,以及并立且不断扬弃自身的个体间的往来,它爱扩充自身的财富。"参见大卫·施特劳斯,《耶稣传》,第二卷(*Das Leben Jesu*, Band 2, 1836),第734页。对应的论述也可参阅他的《历史发展进程以及同现代科学斗争进程中的基督教的信仰学说》第二卷(*Die christliche Glaubenslehre in ihrer geschichtlichen Entwicklung und im Kampfe mit der modernen Wissenschaft*, Band 2, 1841),第214页。卡尔·贝斯批判地指出,特洛尔奇并没有在本书的第一版标示这句引文,参见贝斯,《基督教的本质与历史研究》,1904,第97页。——全集版编注

143 涅瓦的猫头鹰展翅飞向绝对概念的实现之境。① 可一旦目标的真正实现的图景处于无穷遥远的远方,那我们如何充分确定地描述普遍概念呢？如果普遍概念无法被确定地描述出来,那么我们又如何确定地刻画普遍概念实现的各个阶段呢？普遍概念处在持续的实现进程中,体现为各个实现的阶段,它的运动一直延续到我们生活的当下,而我们的历史研究,无疑是要在诸阶段之间作决断。这样一来,所谓建构绝对的宗教,绝不会长期附着于对历史宗教的考察工作,它自身毋宁变成了建构未来宗教的任务。看看正在到来的宗教,看看它描绘的未来图景多么涣散无力,普遍概念无法实现的事实便毕露无遗,要知道,未来图景可是正在到来的宗教所致力于构建的发展目标呢。我们设想自己必然站立在最高的发展阶段,然而无论从构造还是价值来讲,朝向目标运动的各个阶段之间张力重重。

更有甚者,历史学根本没有指明各阶段发展的完整道路,而

---

① 特洛尔奇在此引用的是黑格尔的《法哲学原理》里的话:"关于**教导**世界应该怎样,也必须略为谈一谈。在这方面,无论如何哲学总是来得太迟。哲学作为有关世界的**思想**,要直到现实结束其形成过程并完成其自身之后,才会出现。概念所教导的也必然就是历史所呈现的。这就是说,直到现实成熟了,理想的东西才会对实在的东西呈现出来,并在把握了这同一个实在世界的实体之后,才把它建成为一个理智王国的形态。当哲学把它的灰色绘成灰色的时候,这一生活形态就变老了。对灰色绘成灰色,不能使生活形态变得年青,而只能作为认识的对象。密涅瓦的猫头鹰要等到黄昏到来,才会起飞。"中译参见黑格尔,《法哲学原理》,范扬、张企泰译,北京:商务印书馆,2012,第 13—14 页。——译注

这本是目的论必然期待的工作,因为涉及人类中的绝大多数①时,历史学并未谈到如何升华至更高的阶段。更高的阶段只在一些特定的时点上迸发出来,进而它自己的内容经历了伟大的、不断上升性的发展,但各个如此诞生出来的伟大宗教之间并非表现为一种接续性的因果阶段关系,而是并存的关系(Nebeneinander),唯一能理解这种并存关系的做法,乃是考察它们在价值方面的斗争和内在伦理的劳作,然而这绝非我们人为构建的前后相继的序列。但凡我们不仅看到近东和地中海的宗教史,而且审视一番东亚的诸宗教,就不再会陷入自欺的境地。由此一来,我们认识到,尽管历史学不能放弃规范概念,但它无法靠指明普遍概念的绝对实现过程来赢得规范概念。

第三,也是最糟糕的情形关系到将基督教本身构建为绝对宗教,这不但因为上文已讲到的,我们根本不可能在历史里证明这个结论,而且首要地因为我们感到,一个被建构出来的普遍概念同具体的、个别的历史情景并不直接相融。毋庸置疑,任何一位虔信者都会很自然地知道,基督教是一支具有更高意义的宗教力量,无论在怎样的境地里,它都是辉煌的宗教真理。但同样在另一方面,任何时代里的基督教,尤其基督教自诞生以来,就是一个真正的历史现象,不论基督教带来了怎样的新事物,都极强烈、极深刻地受制于它所处的历史背景和氛围,受制于它所介入的更宽广的发展联系。基督教的诞生预设了古代民族宗教的灭亡以及与之相伴的古代质朴价值的陨落,同时,它预设了种种在废墟上构建新宗教形态的尝试,进而统统被基督教这一最强大的力量吸

---

① 指非信仰基督教的人群。——译注

收进来。确实,这些尝试很可能以某种方式参与到基督教的第一次构建历史里了。

基督教就其核心思想来说,明显最深刻地受末世论观念(eschatologieschen Ideen)的决定。它在此时代背景里强有力地攥住了以色列人,正是在紧密地同末世论观念结合的基础上,基督教道出了它的纯粹指向内心和伦理生活的上帝信仰,而此刻的伦理本身又打上了焦急期盼世界终结的烙印,它守望着上帝的降临,以宗教的直率和决绝的态度,对世上所有价值都漠不关心。只有在古代终结的历史背景和末世论的观念前提下,基督教的伦理才可能建立起来。然而不久以后,基督教的上帝信仰就从它最初的神秘主义的大众形式里摆脱出来了,彰显出纯粹人道的(humane)、朝着人心内在方向运动的面貌,它吸收了许多亲和性的思想因素,包括柏拉图学派和斯多葛学派的伦理学,以及理念论的形而上学和亚里士多德主义的目的论,由此重新建立起一个具体的、明确的、基于特定条件存在的宗教形态。它一直延续到了今天。

基督教无论如何都不是绝对的宗教,也就是说,它摆脱不了历史的、时空的诸种限制,摆脱不了它的完全个性化的本质,同时,宗教的普遍概念也不存在可不经任何变化,穷尽地、无条件地实现出来的情形。

因此,我们有必要考察基督教的主导观念,从观念的内容出发,尽可能地理解基督教的发展和延续的进程;然而主导观念又必须从基督教自身创造出来,并且在其每一个创造的环节里,都内在地伴随完全确定的历史条件成长着。和所有其他的观念一样,它因卷入历史的整体关联而呈现为全然独特的历史形态。相反,假如我们站在历史之外提出基督教的主导观念,将之定义为宗教的绝对观念,进而植入基督教,那么观念就被扭曲了,观念同现实的关联也完全染上了人为的色彩。

因此神学的困境和机巧在此毕露无遗。内核与外壳、形式与内容、持存的真理与时代的历史条件都无非形式,奇妙地运用它们应当有助于神学摆脱困惑。但所有的这些尝试不免造成的结果是内核的绝对化使外壳绝对化,外壳的相对化亦使内核相对化。首要地,绝对理想之实现的"时代形式"(zeitgeschichtliche Form)①总会令人想到包裹在蜡制外壳的里火热的铁,或者套着发热表皮的蜡制的内核。然而绝对理想与时代形式的分离,只在涉及一些次要的琐事时是可能的,在主要的事务上,主导的宗教观念总归同强大的时代精神紧密地结合在一起,即便我们对时代精神完全陌生并且不可能重复地体验时代精神。

故而所有区分绝对理想和时代形式的做法,将导致的结果便是让区分变得越来越困难,让超越了区分的、对于伟大的个别历

---

① 特洛尔奇的批评者海因里奇在《我们还应当是基督徒吗?》(1901)一书里提到"时代条件"。在他看来,这个说法指"不可用理智推导的真理是在时代条件里出现的,我们则根据时代的要求,知晓了不可推导的真理及其特定的形式"(第27页)。批评者致力于认识"当代的条件",磨炼自己审视"启示内容"的眼光,"我们地上的贮存所藏有天上的宝藏,由此一来,历史事件被评判为救赎之事"(第27页)。另外可参见卡尔·贝斯的《基督教的本质与历史研究》(1904)第359页:"耶稣基督的启示受时代条件的限制,尽管他的启示来自绝对的上帝。因而新约以及由它道出的真理承载着时代的印迹,它们以这样的形式存在着。……形式是相对的,本质则不是,本质自身即完满的。"——全集版编注

146 史现实的崇高的喜悦感消失殆尽。过去被人随心所欲地当作外壳丢弃的东西,如今越发在真正的历史研究里获得重视,这并非因为它们是什么最重要的事物,而是因为最重要的事物本身就不是无历史的、永恒的且不变的概念,毋宁说是一个拥有个体生命、在特定条件下生成为具体现实的全体。其中,无数历史发展的沉淀物(Niederschläge)正持续前进,它们总被一种占支配地位的要求统治着、塑造着,但它们也有能力将质料与权利赋予任何新的时代要求,以促进时代的发展。上述一切恰恰向我们指明了,从一个绝对的、自我实现的概念出发建构基督教的任何尝试,正因为历史现实而归于失败。不论基督教的意义是什么,但凡我们宣称它同宗教的绝对概念是一回事,由此出发,我们却既不可能认识它的起源与历史,也不可能认识它在宗教史里的意义。

147 　　第四,也是最后,对于主导全部个别结果的总体概念,对于发展概念本身,我们也产生了相似的疑问。发展概念本身既是历史学的一个最可靠的工具,又是历史学的基本预设之一。这一点无疑已被证明了,而且它符合一切可被认识的进程:无论对待大事还是小事,认识的原始出发点都是设定好了的,由此一来,通过分离和结合的运动,更复杂的物质性的和精神性的生命才成长起来。同样毫无疑问的是,所有在这一过程里迸发出来的伟大的精神内容、思想与生命力首先是以其萌芽的原初形态出现的,经过许多代人的适应与抗拒、深研与贯彻、沉思与斗争,伟大的精神逐渐展现出它全部的内容。因此,当我们回望精神发展的过程,就会发现它必然遵循着自身的内在动力成长,并且根据自身的逻辑回应一切由生命原则或精神能量而来的刺激。

　　但这样一来,如此理解、对待人类事物的发展本性的做法,就同理解、对待具体的、个别的事件的方式对立了。

思辨的演化论的主要特征在于,它将人类的总体生命把握为一个发展的序列,在此之中,朝着最终目标奋进的精神为发端于自身的、前后相继的诸心灵行动提供了全部的因果驱动力;换言之,按照思辨的演化论的逻辑,最终目标必然产生了各个阶段。通过在因果性和目的性之间达成的一致,演化论抽象出一系列法则,用它们来考察每个现象所处的阶段地位。当然,思辨的演化论评价诸现象的时候,不止遵循人为的伦理衡量标准、审视现象在多大程度上接近最终目标,而且遵循从演化的因果序列得出的概念的必然性。除此之外,思辨的演化论从其自身这方面来说,又仅立足于绝对的演化论形而上学(evolutionistischen Metaphysik des Absoluten),正像上文提到的,演化论形而上学在绝对的概念里实现了因果性和目的性的一致,但也置身在了更严苛的伦理与宗教的责难境地里,所以纯从历史学的角度看来,演化论形而上学的理论建构完全处在了现实事件的反面。

于是,要严格地证明一个简单的、合乎普遍法则的因果关联整体,倒是要去考察同生存者的自然根基紧密相连的知觉和欲望。反之,如果要谈更高的精神生命的内容,即从自身说来必定同人的自然动机相对的原则,那么演化论形而上学就既认识不到基于整体的因果冲动并寻求自我实现的力量,也解释不了从自然基础里必然产生出来的现象序列。它只能指出自然的心灵驱动力的有利的和不利的情况,即自然的驱动力或者促进和推动,或者阻碍和抑制了更高精神内容的产生。同样,演化论形而上学只能把更高的精神内容视作独立的、遵循自身的内在必然性转向意志的力量,它必然就像按照同自然需求相关的动机那般,无偏见地投入研究此力量的生成与效果。

演化论形而上学便面对着两种伟大的心灵的基本方向间的冲突,它们尽管密切联系,但任何一方都不可能从另一方来解释。由此观之,心灵生命本不是由同质行动组成的因果序列,仿佛编排好了的事件连续体一般;毋宁说,它乃是一种极其神秘的双重生命(Doppelwesen),在其中,只要由更高的精神内容产生出的动机并非自然动机的简单延续,只要更高的精神内容绝非靠迄今为止的所有效果纯粹相加所得,而是因不可由理智推演的、从更深的基础发展出来的东西而产生,那么之前很难定义的自由概念和人格概念如今就具备了基本的意涵。正因如此,从实践的角度看来,任何一次在逻辑的、辩证法的高度上对发展的诸阶段的理论建构,无疑是对现实历史的教条式的强暴。今天,唯独在晦暗不明的史前史研究领域里,这种类型的理论才有富足的运作空间,而且它越来越倾向于用经济史的原因推导一切精神性的事件,① 其荒谬性仍在持续。

但真正伟大的历史学完全摆脱了这种演化论的纠缠,它尽可能地将其发展史的图景仅仅展现为相互关联的精神结构的再现对象,不让历史评价受制于演化论的解释。演化论的缺憾,不仅

---

① 关于特洛尔奇与其同时代历史学家的辩论,可参见他的报告《宗教哲学与神学的原则学说》("Religionsphilosophie und theologische Principienlehre")或《宗教哲学与原则性的神学》("Religionsphilosophie und principielle Theologie"),收录于《神学年鉴》(*Theologischer Jahresbericht*),1896,第15期,第394—399页;1897,第16期,第531—536页;1898,第17期,第568—581页;1899,第18期,第507—514页。——全集版编注

在于无法领会历史里的纯粹具体的、个体性的事物,而且理解不了最重要的、最有意义的个体事件的诞生,乃是源于自身的更高力量,故而它们绝不能被编入一个可由理论建构出来的过程。这就解释了为何在今日的宗教史研究领域,针对宗教发展史的推演只限定在所谓宗教的开端和种种尚未教化的形式的范围内。由于缺乏可信的材料,加之宗教情感的晦暗不明,演化论便能自由发挥。相反,涉及各个伟大的文化宗教(Kulturreligionen)时,当代历史学将它们统统视作独一无二的运动;也就是说,它们在特定的地点、从特定的前提出发,展现了特定的形态,除了研究它们本身,我们无从知晓它们的内容和本质。基督教历史的研究者也明显放弃了混乱的阶段建构模式,即把原始基督教、天主教和新教编织为一个逻辑的序列,三者里的任何一个都是此序列里的组成部分。事实上,没有任何一个时代只充当过渡阶段(Durchgangstufe),它们每个就其总体情况而言都有自身的意义和自足的内涵。正是在这个地方,新近的教会史研究超越了图宾根学派①,取

---

① 老图宾根学派秉持一种理性的超自然主义的观念,其领袖是戈特洛布·克里斯蒂安·斯托尔(Gottlob Christian Storr, 1764—1805);接着他们的是特洛尔奇所说的新图宾根学派,该学派围绕在斐迪南·克里斯蒂安·鲍尔(Ferdinand Christian Baur)的身边。除了斯托尔,老图宾根学派的主要成员还有弗里德里希·聚斯金德(Friedrich Gottlieb Süskind)、约翰·弗拉特(Johann Friedrich Flatt)、卡尔·弗拉特(Karl Christian von Flatt)、恩斯特·本格尔(Ernst Gottlieb Bengel)、约翰·斯托德尔(Johann Christian Friedrich Steudel)。除了鲍尔,新图宾根学派的主要成员还有鲍尔的女婿爱德华·策勒(Eduard Zeller)、阿尔伯特·施威格勒(Albert Schwegler)、卡尔·普朗克(Karl Christian Planck)、卡尔·科斯特林(Karl Reinhold Köstlin)、古斯塔夫·佛克玛

得了关键性的进步。

因此我们得出了如下结论:无论发展概念有怎样的永恒的内涵,我们都不能将它隐藏于因果论和目的论的形态里,仿佛这样一来,就可以在概念的层次上衡量各个阶段的价值;我们也不能用它来证明一个绝对的、最终穷尽自身概念的宗教存在。①

将基督教建构为绝对宗教的方法显然站不住脚。发展史神学之父们之所以能提出它来,是因为他们那个时代的宗教史学既贫乏又狭隘,而且他们关于基督教历史的研究,仍在对个体现象的理性主义的、实用主义的解释同诗性的、直觉的幻想之间摇摆不定。这种建构的彩虹透过十分不确定的历史知识的迷雾,闪烁出微弱的光芒。

不止如此,他们仍走在古老思维习惯的旧路上,将基督教视作自然宗教、逻各斯与自然的伦理法则的神圣实现。这样一来,他们所谓的"宗教的本质"无非灵活变换的自然宗教,所谓"宗教概念在基督教里的实现",无非是关于自然宗教的诗性观念,它被完满地创造出来并通过上帝观念介入历史。因此,即便这些人在

(Gustav Volkmar)、阿道夫·希尔根费尔德(Adolf Hilgenfeld)、卡尔·霍尔斯滕(Karl Holsten)以及阿尔布莱希特·里敕尔和奥托·普福莱德尔。新图宾根学派认为自己的首要任务是基于史料的《新约》批判研究和教会史以及教义史研究。——全集版编注

① 参见我在《宗教的独立性》("Die Selbständigkeit der Religion")一文里对发展概念的批评,该文刊于《神学与教会报》,1896,第 6 期,第 178—183 页;另见我对多纳的《教会史大纲》一书的介绍,刊于《哥廷根学术汇报》,1901,第 265—275 页;还可参见拉斯克,《费希特的唯心主义》,第 56—68 页。

某些关键点上同旧的思维习惯决裂了,但他们仍被旧的思维习惯宰制。此外,他们运用该理论时,受到了一些重要的限制。

施莱尔马赫在其讲话里说道,他并不想禁止任何书籍成为《圣经》,①此后,在他宣扬神学和教会的时期,他将基督教解读为宗教本质的实现:一方面,在上帝创世之时,宗教本质就是潜在地可实现的;另一方面,通过高居肉体之上的精神的提升进程,宗教的本质展开了。② 但施莱尔马赫同时小心翼翼地关注着基督教每一次的个体化的形态,以及受历史限制因而变动不居的形态。③ 正是他发明了"个体"(Individuellen)这一关键词,进而使非教条

---

① "圣书都是靠自身的力量成为《圣经》的,但它们都不禁止其他书籍也是或者也成《圣经》,而且以同样之力写成的东西,还总是乐于结伴而行的。"中译参见施莱尔马赫,《论宗教》,邓安庆译,北京:人民出版社,2011,第178页。——译注

② 犹太教仍然"同拜物教有种亲和关系",伊斯兰教"靠它的激情洋溢的性格和它的观念的浓厚感性色彩","将其感性的强力施加于虔诚的冲动",相较之下,基督教宣称"因为自己摆脱了上述两种对宗教的偏离","所以是历史上出现过的所有一神教形态里的最纯粹的形态"。"通过与其他同类宗教的比较,我们得知,基督教在事实上是一切最发达的宗教形式里的最完善的形式。"参见施莱尔马赫,《从福音教会的基本原则而来的基督教信仰》(Der christliche Glaube nach den Grundsätzen der evangelischen Kirche im Zusammenhange dargestellt),1830,第56页;另可见《施莱尔马赫批判版全集》第一部,1980,第七卷,第15节,第52页。——全集版编注

③ 施莱尔马赫说:"基督教会就像任何历史现象一般,总在变化着。"参见施莱尔马赫,《神学研究简论》,1977,第20页。——全集版编注

地理解基督教史的做法硕果累累。① 这样一来,他事实上将绝对宗教聚焦到一点上,即聚焦在耶稣的人格上,他从历史学和教义学的角度,把耶稣的人格解读为绝对的、无条件的、不受任何限制的救赎原型,于是他建构了看似在变化着、实则不变的宗教知识与力量。② 至于这一原型产生的影响,施莱尔马赫反过来立刻用历史学的法则来约束它们,也就是说,它们每次不只因有罪性(verschuldet)而不完善,而且因个体的性格,必须被理解为有限的东西。③

---

① "所以,宗教之多样性与教会之多样性相比,有某些全然不同之地方。不过,教会的多样性只是唯一个体的片段,它为知解力全然规定为一,只对感性表达才无法达到其统一性。把为这些个别片段所感动者视为特别的个体,永远都只是一个误解,这个误解必定是基于一个外来原则的影响。但宗教无论就其概念和其本质,还是对于知解力而言,都是一种无限的和不可限量的东西,这样它就必须具有一种内在的原则,将自身个体化,因为否则它就根本不能有其定在并被知觉到。"中译参见施莱尔马赫,《论宗教》,邓安庆译,北京:人民出版社,2011,第142页。——译注

② 关于耶稣的人格作为救赎原型,参见施莱尔马赫的《从福音教会的基本原则而来的基督教信仰》。他写道:"因而如果耶稣这个人应当成为原型,或者说,耶稣人格这一原型应当历史化和现实化(上述两种表达相互适用),以此在旧的生活方式之中,并从耶稣出发创建一个全新的总体生活,那么耶稣必然踏入了有罪的生活,但他并不来自于此,毋宁说,我们必须将他认作罪性生活里的一个神奇的现象……耶稣的独特精神内容并不能从他所属的人类生活环境来解释,而只能从精神生命的普遍根源来理解,精神生命又是通过上帝的创造性的行动造就出来的,在上帝这一绝对伟大者的行动里,人的概念作为上帝意志的主体完成了他自身。"(第二版,第二卷,第93节,第38页)。——全集版编注

③ 施莱尔马赫认为基督人格里的"历史因素和原型因素不可分离地结合在了一起"。——全集版编注

黑格尔则从另一个方面将基督教整体定义为绝对宗教,①因为他从基督教中认出了宗教发展的最高的、最终的阶段。但实际上,对黑格尔来说,基督教只是通往绝对宗教的最后一个预备阶段(Vorstufe),而且这一观念本身始终是个偏见。作为纯粹的思想,绝对宗教从基督教发展而来,但它实际上是从绝对概念派生出来的,且绝对的理念在历史里展开了自身。如此一来,绝对宗教的思想并非来自历史学,而是源于绝对概念本身。它乃是一个从理性上来讲的必然概念,是从上帝这一理性的必然概念推导出来的一以贯之者,并作为思维的最终产物(Endwerb)出现在历史之中。就此而言,绝对宗教的概念同历史里的基督教的结合、首要地同作为其实践之完满体现的耶稣人格的结合,仅仅是一个被讲出来的判断,却未经证明。

因此上述两位大师只是小心翼翼地使用基督教概念,将之等同于绝对宗教。他们的神学继承者则采取了更粗野的方式对待基督教概念,即使其中最聪敏的学者要么重回古老的超自然神学的轨道,要么从基督教概念里认识到,任何绝对者都要从历史里排除出去。众多护教学家与不幸的神学崇尚者,在充满希望的神学更新的春天,从施莱尔马赫学派和黑格尔学派里走出来,对基

---

① "在宗教中,宗教概念**自身变成了对象性的**。自在和自为存在的精神,在其发展中不再面对个别的形式、规定,知道自己不再是某一规定性、局限性中的精神;而如今,它已克服了那些限制,克服了这种有限性,而且是自为的,正像它是自在的一样。自为精神的这种知,像它是自在的一样,是知的精神之自在和自为的存在,是完善的、**绝对的**宗教,在其中,何谓精神、上帝,这是启示的;这便是**基督教**。"中译参见黑格尔,《宗教哲学讲演录》,第一卷,燕宏远、张国良译,北京:人民出版社,2015,第58页。——译注

督教作了更清楚的阐释。暂且不提思想不稳定却又提出了富有教益的想法的布鲁诺·鲍威尔(Bruno Bauer)，还有缺乏坚实理论根基却又有着极敏锐的历史感的厄内斯特·勒南(Ernest Renan)，两位杰出的学者即施特劳斯与拉加德以合乎最普遍的情感的方式，展现了神学更新的结果。

尽管施特劳斯并无深邃的宗教性格，但他是一位扎实的、敏锐的研究者。针对黑格尔，他作出了无可辩驳的深刻判断，即无论在历史的哪个确定时点上，绝对的宗教概念都不可能自我实现。接着，他进一步地论证说，如果遵循严格历史学的方法来研究基督教的早期历史，那么我们无论怎样都看不出宗教概念实现了自身。① 之后，他也针对施莱尔马赫，无可辩驳地证明了，不可

---

① 根据施特劳斯的说法，"上帝成人意味着神性与人性之统一的持续实现"，并且"宗教是神性与人性结合得最紧密、最高贵的形式，即在人的直接的自我意识里，它们结合在了一起。那么最高者就存在于宗教领域里，只要宗教领域是最高者，最高者便实现了自己，即一个人在他自己的直接意识里认识到了自己和上帝合为一体。但没有人能超越这一点，因为这一点即目标的实现；人也做不到退而求其次，在不同程度上逼近神圣意识与人类意识的结合(如摩西和先知那般)，实际上，就像非一(Nichteinheit)之于一(Einheit)，两者在质上就是不同的。至于神性与人性的统一是否在基督(Christo)身上实在地达成，这只能由历史学而非哲学来考察；即便这样一个人必定某次在历史里出现了，这也不是可**先天地**证实的。至少如下说法：'观念的本质在自身中包含了作为**个体**的现象的绝对性，作为这个单独的人的现象的绝对性'，只是由**黑格尔**学派提出了，却并未证明"。出自施特劳斯，《黑格尔的哲学与神学批判的一般关系》(*Allgemeines Verhältnis der Hegel'schen Philosophie zur theologischen Kritik*)，1837，第73页及下页。——全集版编注

能为个别的、受历史制约的现象设定一个绝对的、不受历史影响的原因。假如能为个别现象设定一个绝对的原因,那么从这一假设出发得出的所谓"由历史材料确证的耶稣的绝对人格形象",就成了一个充满矛盾而又毫无生气的建构物。① 历史学并非绝对宗教以及绝对人格的演艺场,绝对宗教和绝对人格都包含着荒谬性。

另一方面,拉加德具有真正的宗教本性,但他并非一位敏锐的辩证法学者,也没有体系化的思维,他让宗教发展史思想摆脱了一切教义学的、形而上学的评价标准,呼吁一种无偏见的宗教史研究方式,它着眼于特定的研究对象,使用一切方法来实现自己的目标,同已经败坏了的哲学和神学方法截然相反,它应当去理解典型的宗教现象,在此基础上,它必将以纯粹历史的方式理

---

① 施特劳斯指出(同上书,第60页),他根据施莱尔马赫的"两篇出自不同年代的可靠笔记"认识了后者笔下的《耶稣传》。在《为德意志民族编订的耶稣传》(第一部分,1877,第22—28页)里,施特劳斯对此作了探讨。他又在《信仰的基督与历史里的耶稣:对施莱尔马赫的耶稣传的一份批判》这篇文章(1877)里说道,施莱尔马赫的基督神学(Christologie)是"让教会的基督为现代世界精神接受的最后一次尝试。正像今日的知性所要求的那样,基督是一个完整意义上的人;然而又正像传统的虔诚感所希望的那样,基督是神圣的救赎者,是我们的信仰和崇拜指向的对象,无论如何时代皆如此,但这都是施莱尔马赫造成的时代偏见"(第4页)。可是施莱尔马赫的基督缺乏"真正的实在性,他仅仅让人会想起逐渐逝去的日子,仿佛从遥远的星球射来的光,即便今日光芒仍然为我们所见,但射出光芒的星体很久以来便已消亡了"(第135页)。同时可参见施特劳斯,《耶稣传》,第二卷,1836,第144节,第710—720页。——全集版编注

解基督教。① 拉加德相信,这样一来,我们必然摆脱掉了护教学的矫饰和冗杂,强有力地彰显出基督教的伟大和高贵,即便论及宗教史的进一步发展时,我们说不出任何内容,即便伟大的新宗教运动即将到来,而我们尚且无法道出确切的东西。②

总之,引领我们时代的乃是此类批判,而非施特劳斯或拉加德的任何一个正面的观点。或者毋宁说,更准确的历史研究从自身驱除掉了一切混乱的、充斥着谬误的神学建构,它引领人们更鲜活地把握基督教的历史特性,让基督教更深刻地整合入普遍的

---

① 对拉加德来说,"耶稣或福音(如果人们偏爱这种用法的话)……在一个确定的历史时刻"出现了,"因此我们关于耶稣和福音的知识,除了由人们获得历史知识的方式获得之外,别无他途"。参见拉加德,《论德意志国家同神学、教会与宗教的关系》(*Ueber das Verhältnis des deutschen Staates zu Theologie, Kirche und Religion*),1891,第44页。进一步地,可参见拉加德的如下说法:"因此神学能清楚地教导我们,在宗教里什么是永恒的东西,什么是暂时的东西,什么是内容,什么是形式,进而能澄清什么是宗教的本质。神学并非一门哲学学科,而完全是一门历史学科,只要它研究的是宗教的历史,它就给出了关于宗教的知识。"(第68页)——全集版编注

② 在拉加德看来,基督教的历史进程说明了"一个新宗教并非一蹴而就地建立起来的,当它建立起来时,它就成了一具身体的灵魂;但没有什么东西**先天地**决定了这一新宗教的形态,因为新宗教的形态取决于某些特定时刻,它们参与了新宗教的构建"。参见拉加德,《未来的宗教》(*Die Religion der Zukunft*),1878。这里的文字引自《拉加德德文文选》(*Deutsche Schriften*),1891,第232页。另外,拉加德还写道:"对我们今日的德国而言,构建宗教的运动既需要对我们时代以及同我们时代切近的伦理与宗教观点有清楚的认识,也需要牢牢把握德国人的自然本性,驱使他们劳动。"(第233页)——全集版编注

精神历史。

故而成熟且审慎如魏茨萨克①的《使徒时代》(*Apostolisches Zeitalter*)和尤里什的《耶稣的寓言》这两部著作,在公众间产生了广泛的影响,它们比任何抽象的神学研究更清楚地指明了神学的发展趋势。它们从教义或反教义的话语建构里解放出来,促使我们直面历史现实。毋庸置疑,类似著作必然就像历史知识本身,充满了漏洞和不确定性,但与此同时,它们论及主要问题(Hauptsachen)时是极清楚的。我们从中感受到无限的高贵和伟大,然而这种体会绝非因宗教概念的实现而得来,仿佛宗教概念一直潜在地存在似的。关于基督教的最新研究已经彻底排除了这种概念实现的逻辑,研究者探究基督教的诞生时,尤其受到了古典语文学家和闪米特语文学家的影响。在此,我们特别要提到乌泽纳尔及其学派②,他们创造了一个纯粹语文学的研究方法,用来研究晚期古代的宗教史,因而为我们今日的研究提出全新的总体问题。他们的研究有时导致了一些人文主义者和知识贵族反感基督教,

---

① 卡尔·魏茨萨克(Carl Weizsäcker,1822—1899),德国新教神学家,鲍尔的弟子,图宾根学派成员。——译注

② 赫尔曼·乌泽纳尔(Hermann Usener,1834—1905)于 1866 年任波恩大学的古典语文学教授。他和 1870 年来到波恩的弗兰茨·波切勒(Franz Buecheler)共同创建了一个很有名的古典语文学学派。关于乌泽纳尔的弟子情况,可参见恩斯特·毕克尔(Ernst Bickel),《乌泽纳尔与波切勒的古典语文学研讨班》(*Das philologische Seminar unter Usener und Buecheler*,1933),第 201—206 页;汉斯·约阿钦·美特(Hans Joachim Mette),《一个时代的悼词——赫尔曼·乌泽纳尔及其学派》(*Nekrolog einer Epoche: Hermann Usener und seine Schule*,1979/1980)。——全集版编注

但无论如何,这些研究展现了诸历史潮流的共同作用。也就是说,基督教对我们而言不只是一个简单的观念,而且是一个高度复杂的、被打上了确定时代烙印的组织体系。

整个研究放弃将普遍概念(Allgemeinbegriff)和规范概念(Normbegriff)等同起来,放弃用历史哲学的思辨方法证明基督教是绝对宗教,认识到个体是有限的以及所有历史现象的多面特征,因此其研究结果被当代广泛的神学家圈子认同。

如果不是一支最年轻的伟大的神学学派以极模糊的方式承认,继而在效果上舍弃了这一研究成果,那么我们本可以相信神学研究达至了清明状态。诚然,这个学派的领袖阿尔布莱希特·里敕尔并未因此受到指责。他基于伦理学的、宗教史的公设同超自然权威的极简单的结合,证明了基督教的规范性。据此,基督教被认为是公设的神奇的实现,它从对立于世界的灵性伦理人格①的自我确认(Selbstbehauptung)出发,经宗教史的运动逐渐清楚地实现出来。②

就此而言,奇迹概念非常关键,里敕尔却只是以一种奇特的

---

① 指耶稣。——译注

② 参见阿尔布莱希特·里敕尔的代表作《基督教的称义和救赎的学说》(*Die christliche Lehre von der Rechtfertigung und Versöhnung*),第三卷,1888,第 13 页及下页:"基督教因而是一神论的、完全属灵的和伦理的宗教,它基于上帝子民的自由,而这样的自由,又建立在其创建者的救赎活动和朝向上帝国的生命之上。基督教出于爱而驱使人行动,它指引人类形成伦理组织,让上帝子民过卜至福(Seligkeit)的生活,仿佛他们身处上帝之国一般。"

犹豫不决(Schwebe)的态度避开它,①反而更倾向于强调耶稣对绝对的启示真理、对基督教共同体的信仰上的自我确信的要求②。里敕尔的后继者则试图更明确地确定这一点,如此一来,他们相信自己能衡量演化论护教学的困难,能基于历史学来质疑普遍概念。因此,从宗教的普遍概念出发并不能得出历史学的、个体的概念,也无助于获得任何规范概念。在他们看来,规范概念之可得,绝非立足于事物之间的共同性这一最广义的基础,毋宁仅仅源于特殊性、个体性这一最狭义的基础。它使基督教局限为一种历史的、特殊的形态,限定在自身的确信基础之上。

里敕尔学派的成员更进一步地要去刻画基督教的个体特性,

---

① 里敕尔承认,"如果某一自然事件违背了自然法则,那么我们就无法在科学上思考它",而且"《圣经》里的一些关于奇迹的描述皆是伪造的","假如我们将奇迹的故事追溯到对奇迹的体验的话,那不免会犯错"。参见里敕尔对《历史学批判与奇迹》("Die historische Kritik und das Wunder", 1862)这封书信的解释,第97页。但他又指出,"耶稣和保罗关于奇迹力量的证词有很高的历史价值,因此不能把它们当错误的观念,搁置一边"(第97页)。耶稣和保罗的自我陈述"完全出于对历史精确性的考虑",在里敕尔看来是有效的,即使他不可能"探索清楚其中的非凡品质"(第97页)。——全集版编注

② 参见阿尔布莱希特·里敕尔的《基督教的称义和救赎的学说》,第三卷,第2页及下页:"对耶稣的宗教意义的真实而详尽的认识,也即对这位宗教创始人的意义的认识,同他所建立的共同体紧密相关。"这样的宗教信仰绝非"耶稣的反历史的观点,耶稣的历史声名并非始于人们摆脱对他的信仰、对其人格的宗教性的评价"。里敕尔在此从历史学和心理学的角度深入地阐释了耶稣的意义。他用下面的一句话总结了自己的观点:"假如人只有通过基督才能正确地认识上帝,那么人只有将自己纳入信仰者的共同体,才能认识基督。"(第7页),同时可参考第364—377页。——全集版编注

要求赢得绝对真理,并且通过绝对真理实现救赎。除此之外,他们谈基督教的特性,同时也在呼吁科学地论述和评价基督教,借此,他们预设了基督教是孤立的存在,并且同所有其他的宗教对立。继而他们诉诸一些普遍适用的观点来证实该预设,这意味着:首先他们将基督教置于同伦理精神所得出的、通行的自然公设的关系里来审视;接着,他们事后(nachträglich)拿基督教同对立于它的、包含在非基督宗教里的种种看法来作比较。因而基督教是人类可以想象的最高宗教,它既满足了自然的、伦理的公设,也展现出普遍的宗教或者说非基督教的启示最终要达成的宗教图景。

另一条道路乃是要建立普遍适用的科学的宗教研究方法,它被单纯限定在一种因果的、机械的现象论心理学框架之内,但同时要求规范性(Normative)自身就要在一个独立存在于历史之中的宗教那里彰显出来,然而最重要的,莫过于通过一个绝对自由的伦理精神的启示,突破惯常的因果驱动力,展示这个宗教的规范性。这样的宗教必须存在,而基督教证明了自己即这样的宗教,它的独特性在于要求在基督身上获得启示与救赎,并通过耶稣的形象达成要求;这一要求的权利进而又因同自然意识所得出的伦理公设的一致而被强化了。基于此,特殊的基督教的确信感得以在人们独特的个人行动里实现,而且我们有可能从基督教之外的其他宗教意见那里辨认出上帝的力量,甚至找到一个对立于异教的判断标准。①

---

① 我在这里仅指出上文提到过我的批评者的文章就够了。首先应当指出的是沃伯明的理论(参见《神学与教会学刊》,1900,第417,421,423页);其

次要指出的是特劳布的理论(尤其参见《神学与教会学刊》,1901,第 314—317 页),他和莱施勒的想法并没有多大差别。他们的理论通常导致的结果是:我在后文论证的对基督教的态度,一旦关涉其动机和根据,就被解释成固执的、自欺欺人的东西。此外,他们认为我所讲的动机总归没有什么逻辑,而且论证信仰的根据总遵循时间上的先后原则(参见特劳布,第 317 页;莱施勒,第 321 页),最终靠所谓"特殊的基督教确信"保证孤立的信仰确定性。对此,我只能同样固执地答复道,从我的情感说来,如果"基督教认识论"没有隶属于它的"基督教的因果性"相伴,那么它就是人为的、不完整的事物。假如完全抛弃我的想法,那么他们自然会用很朴素的眼光看待彼此斗争着的诸伟大的宗教类型,权衡它们的地位,基于它们共同的目标以及各自实现目标的程度这一理论标准,判断它们的地位。在我们当前的宗教危机时代,研究其他的宗教类型并非一场学术游戏,而常常是极严肃的内在事业,学者们的决断往往伴随着内心的摇摆。当然,他们的决断最终取决于公理所决定的态度(axiomatischer Stellungnahme),然而公理所决定的态度也要从权衡诸宗教类型的活动里产生出来,进而要尝试在"共同"(Gemeinsamen)这一概念的意义上奠定更宽广的基础,由此出发,那些对宗教生活有所体验和领会的人自然会理解彼此。不止如此,针对更高精神生活之价值的不同评判态度出现了,在这里,没有人能建构特殊的确定性理论(Gewißheitstheorien),以此保证某一特殊的宗教类型超乎其他类型之上。毋庸置疑,像这样的思考必然接近我们所熟悉的某种神学,即从宗教的实践品质及其对立于哲思(Philosopheme)的特征来理解宗教,同时,这样的思考迫使我们将该原则当作科学地研究宗教的参照点;换言之,科学地研究宗教不是用所谓自然理性来作哲学思考,毋宁是要研究实际上最亲和于它的现象,即基督教之外的其他宗教。因此要求神学(Anspruchstheologie)导致的一个十分暂时性的结果,即在耶稣同其他宗教的创始人及其要求之间作比较,相比实际的关系,将激起学者更大的兴趣。如果说在耶稣的故事里,我们关注的更多是事实而非他提出的要求,那么正像尤里什在《现代关于教会史研究方法、任务与目标的不同意见》第 16 页嘲弄的,我们不必"绕道琐罗亚斯德来寻求理解耶稣"。

162　　　里敕尔学派里的其他人可能有别的意见,但无论如何摆脱不了一种"基督教认识理论"的纠缠,该认识论相信普遍适用的基督教概念是不存在的,同样,我们不可能由此出发得出什么价值衡量标准。相反,它首要地靠援引基督教对绝对启示和救赎的"个体的、历史的"要求来赢得价值衡量标准,以及通过与自然的伦理意识达成一致来确证这一标准。

163　　但很显然,这种做法只不过是同历史的、个体的事物概念玩的一场游戏。根据里敕尔学派的看法,一切存在于"自然"意识和
164 非基督宗教里的个体事物,不可能没有普遍的自然概念和启示概念所决定的特征;另一方面,历史的、个体的事物的概念指暂时受制于个别条件的东西,基督教强调从自身提出的完全超个体的要求,因而证明自己是绝对真理。在第一种情形里,个体事物实现其概念的程度,无限地少于它必须实现的程度;在第二种情形里,个体事物实现其概念的程度,则无限地多于它应当实现的程度。在这里,反对普遍概念并强调历史的、个体事物的概念的做法,事实上不过是旧有的基督教同一切非基督教对立的延续,由此一来,非基督教的事物迅速转变成同普遍的自然启示及公设相一致的东西,基督教则转化为超自然的、绝对的启示。但如此超自然的、绝对的启示又处在一种奇特的悬而未决的状态里,因为当它舍弃了绝对性的形式,也就是舍弃了明确的奇迹因果性（Wunderkausalität）,不承认宗教概念完全自我实现的话,那我们怎么说基督教保证了自身的绝对性呢？毋宁说,耶稣与原始基督教在其本来的意义上,总被视作个别的、历史的现象,也就是受制于特定历史时代的现象,它交由批判性的、历史学的技艺来研究,同时在其发展进程的关键点上经历了剧烈的变化。故而这一晦暗不明而又

不确定的"绝对性"概念,总一再地与基督教的历史特征冲突。

如果我们进一步地考察历史情景,那么会非常尴尬地注意到,基督教与非基督宗教的关系非常密切,所谓它们之间的绝对鸿沟根本不可能存在。一旦我们的历史视野进一步地扩展,就会在其他更多的宗教那里发现同基督教类似的主张,它们刻画了那些宗教的本质,正如基督教的主张刻画了基督教的本质。但如果有人通过论证基督教的主张同自然意识的公设一致,来支持基督教的主张,那么在我们看来,这些公设本身也是历史的产物,它们源于我们所相信的现实,而且多少同基督教亲近,至于它们在多大程度上亲和于基督教,这取决于我们在此谈论的宗教在多大程度上提升到了基督教的高度。没错,当我们今日从这些公设的最纯粹的形态来看待它们,那么就会认识到,它们统统是基督教本身的历史产物,而且仍然发挥着作用,即便神学家不再认为它们存在于基督的救赎行为之中,或者怀疑者放弃了信仰。

因此,由于强调历史事物,同时舍弃历史事物的后果,里敕尔学派总会遭遇极尖锐的历史学问题,而且它的历史学基础也在日益削弱。这一困境催生了本书所要论述的内容,即反观传统的自由神学(altliberale Theologie)①,同时有必要重新检验唯心主义的、

---

① 特洛尔奇所谓"传统的自由神学"指的是由新图宾根学派开创的思辨神学。其代表人物有斐迪南·克里斯蒂安·鲍尔、大卫·弗里德里希·施特劳斯和阿尔布莱希特·里敕尔。特洛尔奇从传统的自由神学里看到了"19世纪中期神学的科学精神"。参见特洛尔奇,《反观神学科学的半个世纪》(*Rückblick auf ein halbes Jahrhundert der theologischen Wissenschaft*, 1909)。——全集版编注

演化论护教学的基本概念,只有采纳普遍的历史思想,我们才算严肃地对待了这一问题。

第三章①

① 英译本为本章取的小标题是"历史相对主义与价值规范"。——译注

我们之前的考察主要致力于从发展史的角度重新检验,靠揭示基督教同宗教概念的一致,能否证明基督教是绝对宗教,但我们得出了否定的结果。如果要肯定地谈论它,我们必须这样说:基督教在其历史里的任何阶段都是一个纯粹历史的现象,受制于一切个别历史现象都会受制的条件,就此而言,基督教和其他伟大的宗教没有什么差别。因而我们要遵循普遍适用的、可靠的历史学方法,考察基督教的每个历史阶段。既然运用历史学方法研究基督教时成果显著,那么它也证实了自己关于一切历史事物本质的普遍前提所作的判断。要想使用没有事实前提的方法,无异于想使用没有支点的杠杆。假如运用历史学方法这一杠杆提高了我们领会基督教历史的水平,那么它也证明了普遍的历史思维方式这一支点是恰当的。如果有人说"基督教是一个相对的现象",那么这样说也没有什么问题。因为所谓"历史的"和"相对的"是一回事。只有那些本能地或有意识地在基督教周围竖起围墙以避免历史学侵入的人,才不肯承认基督教是相对的现象。

这一结论本无疑问。但它足以令人震惊。事实上,唯独那些具有败坏的思维习惯的人,即那些秉持理性观念或超自然观念的教条主义者,一听到"相对"这个词,就立马感到因不确定、无所依凭、没有目标而来的恐惧感。这一切又完全取决于"相对"这个概念的含义,以及它同赢得价值标准这个问题之间的关系。我们此前已明确确定了"绝对"概念,因而现在就要讨论历史的相对性概念及其同规范的获得之间的关系。①

对很多人来说,一旦历史思维抱定无限相对主义的观念,那么它导致的结果似乎是,历史学的每一刻都在从各种特殊的关系里孕育出暂时的、个别的事物,从而不断滋生复杂性,直到未可预知的程度。这要归咎于三方面的原因:

其一是从事分解活动的专业化趋势,为了更精确地研究现象,它将每个单一的现象分解成更小的单位,进而能穷尽细节,但如此一来,它仿佛由细碎的相对浪花组成的波涛汹涌的海洋,最终吞噬了历史学的所有主导意义与目的。

其二是推理和解释这两种自然而然的习惯,据此说来,一切现象都可以从它们的先行因素(Antezedentien)和周围环境推导出来,似乎它们就是由此得出的必然结果,因为我们可以证实,任何现象都同它们的先行因素与周围环境有关。然而一旦上述思维习惯最终无法掌控唯心论的发展概念,那么它就好像身处波涛汹涌的大海,历史现象在不断地生成和消融,如同自然物始终彼此交错、前后相继,唯独在一些幸运的条件下,它们才可保持相对长久的关系。

---

① 后文从第53页至第73页(德文全集版对应第166页至第184页)论述的内容,可参见由福里塞森-科勒[1]编写的《现代哲学》教本(*Moderne Philosophie*, 1907)以及尼采的《论历史学对于生活的弊端》[2]这篇论文的若干部分。两者都阐明了历史主义的问题。

1. 马克斯·福里塞森-科勒(Max Frischeisen-Köhler, 1878—1923),德国哲学家、心理学、教育学家,狄尔泰的弟子。——译注

2. 尼采论文的原名为《论历史学对于生活的利与弊》,收录于《不合时宜的沉思》,但特洛尔奇在此有意识地更改为《论历史学对于生活的弊端》。—— 译注

在此,没有什么真正"新鲜"的东西,因此世间没有什么东西超出纯粹自然的既定物(Naturgegebenheit),而自然的既定物无非既定力量间的永恒聚合。

其三是对不同的历史形态及其内在或外在的诸前提作假设性移情(Anempfindung)的技艺,进而它在转换判断立场方面孕育了无限的可能。对历史认识而言,这种技艺是极为根本的,因为认识一切事物就意味着仅仅从事物本身出发来理解和下判断。但如此一来,无偏见这一历史学科的要求不仅不能照亮何为正义、何为不正义,而且正义与不正义之间的区别本身都不可能再被认识清楚了。在天性柔弱者看来,历史学无异于向着所有陌生性格的移情活动,从而放弃掉了自己的性格,他要么以怀疑的或纯粹风趣的游戏态度对待历史学,要么怀着骄傲自满、毫无信仰的心态从事历史研究。

但上述三者都不是历史学思维本身的组成部分,而且始终被掌握了历史学这门技艺的伟大代表们拒斥。首先,专业主义(Spezialistentum)除了可能是避免不了的短视之外,什么也不是,或者说,如果专业主义应当被坚持下来,那么它无非变成对现实的毫无意义的重复。一切历史学毋宁要把细节研究视作手段,而非最终目的。更准确地说,历史学要用它来研究诸伟大的人类文明区域、各个领导人类的民族、重要的文化圈或文化分支。像这样的研究既需要做细节方面的准备工作,也需要伟大的历史学家高超的通观能力。尽管在历史学研究的领域,鲜有像自然科学领域里的牛顿和亥姆霍兹[1]这样的大家,但这否定不了上述历史学

---

[1] 赫尔曼·冯·亥姆霍兹(Hermann Ludwig Ferdinand von Helmholtz, 1821—1894),德国物理学家、生理学家、发明家,代表作《力量守恒》(*Erhaltung der Kraft*, 1847)阐明了能量守恒原理。——译注

研究的要求。并非每个人都能思考和书写实在的历史,现代通行的意见认为任何接受过历史研讨课训练的人皆为真正的历史学家,这纯粹是时代病症的反映。因为许多今日称之为历史学的研究,与其说是历史学研究,不如说是业余爱好者的作品,或者根本谈不上历史学,仅仅是历史学基石的培土而已。

其次,基于因果论和机械论的推理与解释,同样不是历史学思维的本质。它认为所有内在事物统统受制于外部环境,因而否定了一切新创造物。这种做法无疑意味着,模仿自然科学方法得出的普遍法则并将之直接移植到历史学身上,因此历史学失去了对它而言本质性的内容;也就是在既定的力量作用下产生出来的个体与独一无二的事物。确切说来,他们根本不是可被推导出来的东西,而是从历史的超验深度里生成且同既定事物相关的新的造物。即使一个完整的历史复合体主要由相对较弱的个体性格组成,这一复合体本身也是独一无二的,由极富个体特征的开端决定;即使物质性的基质如地理学的、人类学的、经济的状况造成了一定影响,但从历史学的角度来说,真正重要的事实仅仅是从某些民族和人群的特殊性格里生成的个体对环境的反作用,个体的反作用越产生出对抗自然境况的伦理力量,这一事实就越重要。故而当今的历史学从不谈论个体力量如何自发地组织起来,又如何自发地解体;反之,我们要强调的是,在规定了人类需要的种种自然结构之旁,从灵魂的深处升腾,形成了生命的内容和生命的理想。它们绝非纯粹的制造物,而是历史生命的创造性调节者(Regulatoren),它们对有效性标准的要求(Geltungsansprüche)并不基于它们生成的因果必然性,而是基于它们的真理。当然,我们这里对因果必然性的理解,受自然主义经院哲学(naturalistische Scholastik)影响太大,并不逊于黑格尔学派的辩证法,或教会哲学里的渗入了奇迹理论的亚里士多德主义。领会历史必然要从历史本身着眼,进一步地,就超越历史本身的视域而言,历史研究要汲取文化哲学和形而上学的成果,而非自然科学的成果。①

最后,假设性移情和历史学的无偏见性,最不可能构建一种无目的、无意图的相对主义。因为正是它们证实了每个人皆为一个微观宇宙(Mikrokosmus),人能领会外在于他的环境的意义与本质,因为他与环境之间存在着明确的类似性。这样一来,人性的不同价值结构间存在着共同之处,它的内在必然性驱使我们权衡诸价值,进而从我们自己的信念出发,确立评价人类历史的标准,如同对待我们自己的人格那般。假如一个人再也感受不到这样的内心驱动力,那么他必然陷入伦理力量衰弱甚至裂解的困境,他必然会怀疑宗教信仰所确保的事物应遵循的统一目标。像

---

① 就此而言,参见由冯特提出的"创造性的综合"(schöpferischen Synthese)学说(不过在我看来,他仍深受自然主义思维的影响),《哲学体系》(*System der Philosophie*),第二版,1897,第596页。除此之外,除了上文已提到过的李凯尔特的所有著作,还可参见他的《认识的对象》(*Gegenstandes der Erkenntnis*),第二版,1904,第212—216页,他在普遍适用的因果法则和个体因果法则之间作了区分;另见他的《心理物理学的因果性和心理物理学的并行主义》("Psychophysische Kausalität und psychophysischen Parallelismus")一文,收录于献给西格瓦尔特(Christoph Sigwart)的《哲学论文集》(1900)。不过最重要的作品,莫过于柏格森的极有趣的著作《论意识的即时性》(*Essai sur les données immédiates de la conscience*, 1901),《物质与记忆》德文版(*Materie und Gedächtnis*,1908)以及《创造进化论》(*Évolution créatrice*, 1907)。

勒南这般的学者，在形成自身的历史观念之前，其神学家的梦想就已破灭了。①

因此所有令我们对相对性思想感到厌恶的意见，同相对性思想本身并无什么必然关系。相对性思想单纯意味着一切历史现象皆为独一无二的、个体式的构造，它们在总体环境的不同程度的影响下形成。进而每个历史现象都促使观察者打开更宽阔的视域，最终用整体的眼光来关照；只有将历史现象视作整体通盘观之，观察者才可能判断和评价它们。但相对性思想绝没有否认个体构造具有朝向共同方向的价值，没有排除掉它们彼此影响的能力；在它们的相互影响下，我们认识到了它们的内在真理和必然性，并在此基础上作出最后的决断。无论怎样的历史时刻，共同方向的价值都不可能同各个暂时情形的独特性分离，我们甚至可以说，一切价值判断的形成和总汇统统受制于特定的历史时刻。绝对的、不变的且丝毫不受暂时时刻限定的价值，并不能由历史学通达，而只能交由历史学的彼岸，即预感（Ahnung）和信仰来把握。

历史学没有排除规范性，它的根本任务反倒是要提出规范，奋力地统合诸规范。不过它的规范以及统一规范行动本身总归是个体性的东西，其效力受到每一时刻的情形限制，它的努力总免不了形势的塑造，它追求着实现一个摇摆不定、尚未实现而又不具有绝对性的目标。

历史学的问题不再是在相对主义与绝对主义之间作非此即彼（Entweder-oder）的选择，而是要调和两者，从相对事物中找到

---

① 这里影射的是厄内斯特·勒南于1845年离开圣·苏比士神学院的事情。——全集版编注

通往绝对目标的方向。或者,让我们这样表述问题:如何使常新的创造性的综合活动每次都赋予绝对者可能的形态,同时在自身之内包含无限逼近真实且最终普遍适用的价值的感觉?这是问题的要害,我们既不能靠历史的自然科学化,也不能靠专业主义的怀疑来排除它。毋宁说,问题直接来源于事实。

因为我们在此关心的,乃是从单纯的历史学描述推进到从历史里产生的、同历史相对的价值问题,所以我们克服了以描述为要务的历史学的界限,并因此超越了本来意义上的狭义的历史学。但如果我们不诉诸另外的内容,不用既有的思辨的、形而上学的准则或教义学的、超自然的准则来确立价值立场,那么我们对历史的任何评价乃至等级划分都系于并源于历史状况本身,正如历史学的描述同样舍弃不了由总体史学描述(Gesamtdarstellung)的精神确定的价值,即便总体史学描述常常是偶尔被道出的,但它事实上存在着。为此,我们所需的仅仅是必需的全局视野,还有对全局视野的条件及其前提的必要的、清晰的意识。

由此一来,历史学本身总会生发出历史哲学层面的综合与评价的任务,后者乃是前者的必然结果,从一开始,我们直接考察的仅仅是精神运动的高峰。我们在此致力于将精神运动纳入历史的总体视野,在诸力量之间作比较,由此得到的并非像自然科学概念那般普遍适用的法则概念,而是朝向共同目标方向的概念。

这并不意味着我们要统揽人类历史的总体发展,从总体发展这一概念建构出一个共同的目标,因为我们的知识乃是由纯粹的片段组成的,并且不可能遵循某种法则人为地创建历史,所以类似的尝试必定无果。毋宁说,这意味着我们将可为我们所知的、所通达的最高精神形态综合起来。对此,我们应当有充分的理由

172　相信,这些最高的精神形态并非偶然地为我们所知,事实上,它们自身即从历史的原初状态里发展出来的独一无二的、伟大的历史事物。

大家的确可对上述思想有所保留。因为人类在地球上至少生活了几十万年,但我们在一定程度上所知晓的仅仅是最近六至七千年的历史,至于人还能在这座星球上存活多久,我们完全不知道,但总可以按类似的时间量来计算。此外,随着冰川期气候改变,极地位移导致了文化基础的剧变。因此不能排除,我们的历史是有先驱者的,只不过他们缔造的传统可能再度中断。尽管如此,我们无须为发生在过去或将来的全然不可知的事物伤神,只需凝神关注于我们所知的文化圈(Kulturkreis),于是我们得以通过"类的统一"和"个体差异"的关系,推定一切过去的或未来的人类文化的发展,原则上皆沿着相似的道路。

无论如何,我们仅通观、分析我们自己的世界视野(Welthorizonte)及其包含的或多或少明确可知的历史。故而历史学的发展促使我们通观、比较精神生活的几个伟大而主要的类型,并以此对相对主义作出新的、更进一步的限制。

为了更清楚地理解这一点,我想再作一番说明。

如果将历史相对主义理解为存在着无穷多的彼此斗争的价值,那么这种认识完全是巨大的错觉。事实正相反,我们的经验指明,像这样的价值的数量是很少的,而且全新的人类精神目标的形成及其发展的情形亦并不多见。唯独在人类文化的低级阶段里,存在着无限多样的精神发展方向,但这也只是外在的和形式上的多样,它们的内容其实非常单调。直到文化的更高阶段,人类内在生命的诸伟大力量才形成,不过到了这个阶段,真正有突破性的文化形态的数量很有限。那些能对人性说出全新内容者是十分稀少的,更令人惊奇的是,人类实际上靠着很少的一些思想观念过活。因此尤其在宗教史里,我们要考虑的并非大量强有力的宗教势力,也不是要在其中作出最终的决断,毋宁说,我们只需思考有限的几个伟大的宗教形态。

未开化民族的诸多宗教类型和他们的多神信仰,无关于我们在此谈论的最高宗教价值。同人类纯粹既定的身体以及心理本性相反,伟大的伦理宗教和精神宗教构建了一个更高贵的世界,但它们的数量很有限。这里涉及的一方面是从共同的根基生长起来的若干宗教,包括犹太教、基督教与伊斯兰教;另一方面是几个伟大的东方宗教,包括印度教以及更重要的佛教。除此之外,当我们考虑到那些摆脱了自身历史基础的理性宗教、思考其哲学意图时,我们会发现其基本类型也很有限,即一元论的泛神论(monistischer Pantheismus)、二元论的神秘主义(dualistische Mystik)和道德主义的一神论(moralistischer Theismus)。它们要么涉及古代晚期始于柏拉图主义的诸伟大的伦理与宗教的沉思,要么涉及印度宗教哲学以及近代以来的上述哲学思潮的复兴。虽然它们的发展方向各异,但是宗教哲学思考本身迫使我们做出更重要的简化工作。

首先,理性宗教总归是历史里的诸实定宗教的分支,无论它们的思想多么精致,都不可能独立地产生强烈宗教冲动。从它们中既形成不了什么宗教力量,也形成不了什么宗教共同体,即便它们像柏拉图主义以及斯多葛主义那般,为新宗教的兴起积蓄了有效的力量,或者像近代科学思想影响下的宗教虔信(Religiosität)那般,能改变目前占统治地位的宗教。宗教的生产力唯独在历史宗教里脉动,而且所有关于人类宗教价值的观点或立场一开始只与历史宗教有关。这就解释了为何直到今天,古代晚期的宗教哲学仍与基督教不可分离;为何印度的思想仍立足于婆罗门教和佛教。同样,所有近代的哲学宗教皆在历史宗教所赋予的动机内活动,绝没有创造出任何新的宗教理念与力量。因此对于我们的关注而言,除了三到四个伟大的宗教生活方向间的斗争,没有什么第一位的问题,而说到底,它们又是自身所立足的总体精神文化的担当者。无疑,我们应当说,这里探讨的问题本质上是先知的、基督教的、柏拉图主义与斯多葛主义的理念世界同佛教的、东方的理念世界的斗争。

其次,承认一切历史现象的相对性,并不意味着要将这些很有影响的现象仅仅看作暂时有效、随之便消失的东西。没有什么可以阻拦我们,将极其重要的科学、政治、艺术、社会与宗教生活的产物当成持存的东西,它们是在特定的情形(Konstellationen)里产生出来的,故而持续地被我们视作个体造物。无限进步这一观念,或者更准确地说,永恒变化的理论不过是毫无根基的偏见,它仅在部分人看来可能成立,这些人把所有关于历史的超验背景的形而上学思考归诸幻觉,正是幻觉使人有了宗教信仰,相信现实世界是统一的、有意义的。历史学思想单纯从自己出发,不可能导致这种虚无主义的后果。相反,只要我们看看现实情况,就会发现迄今为止人类历史里的伟大内容是那么有限,这些内容所影响的地区是那么宽广,其力量又是那么强大,以至于未来似乎不可能突然陷入混乱不堪的境地。我们更愿意相信,人类攀登到文化高峰之后将扩展平面的视野,因而未来会变成既定的各力量自我强化和充实、彼此间对峙和斗争的局面,只要我们的文化一直延续的话。那么这时的问题就变成了最高价值如何胜利,所有现实情形又如何被置于这些思想的支配之下。因此无论在何处,起决定作用的都是伦理的、宗教的信仰,它包含着目的思想,而且其中排除了任何科学想象的观念,坚持信仰就不可能导致历史相对主义。既然从生物学的角度上来讲,人类已进化为固定的物种,那么他们的精神本性的基本特征也将变得更明确。我们并不期待尚未成型的所谓超人(Uebermensch)类型①。

最后,历史学的思维方式根本没有排除在精神生活的诸伟大价值和内容间作比较的可能性,故而它不否认根据某一价值标准,或者说将诸价值和内容置于一个共同的目标观念基础上来作判断。由于该目标具有不会变化的稳定性,故而它超越了历史,不过它仍能适应历史的条件与处境,在历史的各个阶段,它显现为诸高贵的生活内容。我们可以通过一些标准来衡量、比较这些内容,比如单纯性(Einfachheit)、力量和深刻性,而这些标准又指引了一种活在神之中的高贵的、超世俗的生活。但凡活在一个更高的宗教里,对于神的信仰本身就要求人们去比较诸生活内容。但这又属于历史思维的本质,并且由经验触发而来,因为假如我们在任何历史形态里都发现不了理想事物,即那些我们自己感受到的或者通过体会(Nachempfindung)认识到属于自己的东西,那么历史思维就无力满足我们假设的情感要求。经验证明,在历史里的所有时刻,生命问题实际上经历了相似的展开,而且那些伟大的宗教人物似乎给出了相似的答案。无论何处,超感性的、超世俗的生命的目的根据(Zweckuntergrund)都显露出来了,还发动

---

① 这里影射的是尼采。——译注

了同纯粹自然规定的生命的斗争。超自然生命同自然生命之间的差别,除了受制于个体的历史条件,仅由从启示得来的更高生命的深度、力量与清晰程度决定。

至于衡量上述差别的标准(Maßstab),绝非从任何先天演绎出的宗教理论得来,也不靠我们在诸多具体的宗教生活方式里抽象出什么事实上共同的内容,再将它转化成一个类概念(Gattungsbegriff)。今日人们已不习惯靠纯粹理性得出运思起点,因此用抽象的类概念刻画实际上共同的内容,只能触及一些低级特征,绝无可能将构成全体的诸决定性特征聚合在一起。标准唯独经理念间的自由斗争产生出来。由于我们生活在人类伟大的斗争当中,并且设想并体会着诸宗教发展方向间的冲突,故而我们必须一再亲身实践、体验标准。这一标准不再是由我们自己的文化圈支配的理念,因而不再是直接即神圣的、不言而喻的东西,此毋宁乃中世纪的立场;此外,它不再由一种无时间性、无历史性的自发的理性产生,这种理性预设了每一个个体经过必要的思考将得出同样的知识,此乃启蒙的立场。正如我们今天将宇宙(All)首先理解为不竭的生命运动,我们将标准视作我们在生命运动中、由概观和共同生活得到的对于伟大历史的主要发展方向的观点。它自身乃特殊的历史条件的产物以及进一步自我构建的工具,而非静止的、已然完成了的理念,更不用说据此规则确定自己的发展进程。

随着宗教水平的提高,基于宗教人格的启示的意义在提升,个体在宗教生活里生产出来的东西的重要性则在降低,因而标准绝不能自由地漂浮于诸历史宗教之上,毋宁说,它要求我们在持续且自由地发展着的历史宗教之间作决断。它从最强大、最深刻的宗教里脱颖而出,而且从其他孕育出惊人果实的宗教那儿汲取了力量。它必然植根于某一历史的、实定的宗教,它教导我们如何通过比较,将过去未经比较就置于眼前的事物弃之不顾,同时重视那些过去处在背后的事物。

因此像这样的标准无非个人确信的产物,说到底,它是主观的。但除此之外,在诸冲突着的历史价值之间,并不存在着某一客观的决断标准。它本身乃我们在比较和权衡活动中所赢得的个人的伦理和宗教信仰。只要某一精神类型的天然支配力已失效,不同的历史力量就会为掌控人类当下的想象而相互斗争,或者必在人类实践生活里彼此对峙,故而任何其他的决断都是不可能之事。如果说真有什么其他的客观决断标准,那么它的客观依据只在于人的小心翼翼的通观活动(Umschau),在于人的无偏见的感受以及认真的衡量,但最终的决断仍为主观的、个人的内在倾向。这就解释了为何并非任一理性人(Räsonneur)皆可决断,唯有那些能将广博且丰富的知识同最庄严的品性和虔诚结合在一起的思想家,才懂得如何决断;同样,不是所有的人都需要一再提出并解决这个问题,只有那些受到内心召唤、深刻感到被这个问题纠缠,并且发自伦理的真诚去解决这个问题的人,才需要这么做,他们的解决方案所包含的内在真理及其必然性,亦将征服其他人。最重要的,像这样的决断并不局限于几个欧洲学者和思想家的理论范围内,毋宁说,它必然处在极其宽广领域,在实践上受诸宗教之斗争决定,在这里,观念上的判断必须经实践检验。

尽管标准说到底是主观事物,但是它绝非偶然的东西;也就是说,它既非意味着对过去占支配地位、现在流传下来的观念类型作简单的推广,也不是要俯身屈就于无限多样的个人意见,仿佛每个人拍拍自己的脑袋便创造出了世界,并且能品评世界。有人认为,鉴于以前一切解决生命问题的答案都错了,故而每个人都必须尽可能固执地、针锋相对地提出关于事物之价值的新见解。这一观点无异于一种对伟大的自律(Autonomie)观念的病态的、超越个人层次的误解;它无异于一个期待,即正因为人对摒除偏见的要求,所以迄今充满理念力量的伟大世界突然间蜕变为一座死寂的网状体,或愚蠢的混乱状态。与之相反,历史思维的本质在于,从历史赢得的诸价值中清楚地界定那些支撑我们生存(Dasein)的伟大岩体,从其关联里通观它们。相比于让如同流沙的各种盲目念头(Einfälle)淹没掉一切,历史思维的独立自主的推进包含着更多内在力量和自由,而前一种做法无异于从所有既定事物以及所有信仰的内容里轻易推导出可能的对立方。

但假如我们通过比较得出了一个评价标准,那么可以说,这些被比较的事物是可被比较的,而且它们和一个内在共通的、普遍有效的东西存在着相同的关系。不过这里所谓共通的东西,并非从被比较事物的实际一致的情形中抽绎出来的普遍概念,亦非从狭义上讲的适用于一切历史生命的共同法则,而是应当被抽象出来的、寓于更高贵的宗教与伦理思维结构的事物。它毋宁关乎每次都浮现在个体眼前的目标和理想,个体无论采取怎样的生活形式,皆有自己的目标和理想,虽然不可能完全实现它们,但他将之视作最终的目的,而他的生活便意味着走在实现它们的道路上。经把它们并置一处且比较它们,个体努力的基本方向便凸显出来,同时,这些方向间的差异也变得清晰起来。不过由这些基本方向交汇而成的新方向指明了一个适合全体的普遍有效的、标准的目标,虽然不同个体朝着该目标努力的具体做法有别,但他们皆会承认该目标的存在,正是靠这一为他们共同承认的理念,他们能衡量目标实现的程度,作为全体和预设已实现的目标乃处于历史的彼岸,而历史里的一切目标都是有条件的,仅受个体的特殊行动方式左右。

至于个体对浮现在眼前的最终精神目标的把握程度,无疑存在着差异,根据他们领悟更高生命之启示的清晰度和强度,差异又可被刻画为一套阶段序列;又因为他们对更高生命之启示有所领悟,所以期待着目标的冲动将引领着他们赢得最终的、根本的启示。正如兰克曾经说过的,任何像这样的新阶段都必然形成关于其精神目标在历史里实现和创造的知识,就此而言,它直接地面向上帝;①但另一方面,它最终也为所有进一步的工作奠定了实质基础,在此基础上,我们持续推进的尽管总是个别的、暂时性的事务,但它又是面向人类全体目标的更广泛、更深入的事业。毋庸置疑,类似于这样的历史哲学说到底,最后导向了关于人类结局以及个体如何参与这一结局的问题;换言之,它导向了未经思考世俗历史的彼岸便无法回答的问题。然而面对这些问题,每个人知道的都不比另外的人更多,因此从一般的思考说来,这些问题只能交托给个人来推理、假设,个人从他们的当下境况着手描绘未来。

---

① 参见列奥波德·冯·兰克的《世界史》(*Weltgeschichte*, 1888)第九卷第二章,第5页:"但我坚信:任何时期都直接面向上帝,它的价值根本不基于它所产生的东西,而是基于它的生存本身,基于它的自我。这使得关于历史的思考,尤其关于历史里的个体生命的思考获得了独特的魅力,因为每个时期必被看作于己有效的,每一历史思考都极有价值。"——全集版编注

如此一来，我们就触及了一直在寻找的规范以及普适概念，同时也即共同以及绝对概念。但这一概念并非一种实际存在的普遍者(Allgemeinen)概念，或者说由人类活动充分实现出来的普遍者概念①，而是共同的目标(Ziel)概念，即便它在历史的进程里一再清晰或朦胧地浮现出来，然而总指出了大家共同的目标。如此目标既可为大家共有，又必须靠个体的力量在具体的历史里实现，不然便无法成为现实。我们能从特定的历史现象中找到朝上述目标发力的起点，它汇聚起所有力量射线，但与此同时，我们不可能从该历史现象里穷尽目标的内容，毋宁说，我们只能从中发现因目标的特定明确程度需要而不断更新的形态。共同的目标总归存在着，但它并非现象的法则和普遍概念。它要求在其基本方向上取得最终的突破，但这并不意味着它要绝对地实现自身。除此以外，上述突破不会因任何概念的必然性而受制于一点，反倒因突破的各点产生出的力量，倾向于汇聚到一起。要说适用于宗教的东西，那就绝不是作为一种人类可实现、可穷尽的理念的宗教"概念"，而是在基本方向和轮廓上可辨认的思想，就其全部内容而言，这一思想总是超越性的目标，然而在历史中，它只能以受制于个体的方式被把握到。

　　如果说像这样规范的、普遍有效的事物，首先被心理学和认识理论视作浮现于人类眼前的有效的目标概念，那么对人而言，该目标本身乃是一种更高的现实，它是从纯粹灵魂生命里喷薄而出的精神人格，是以无限的内在人性价值为基础的现实。它的实现取决于人类设定目标，怀着进取的不安之心和强烈渴望，激发

---

① 这里影射的是黑格尔。——译注

自身的力量，同纯粹的自然世界斗争。这种思想要求形而上学的转向（metaphysische Wendung），要求将人类一切设定目标的行动和激发起的力量归于一种超感性的实在者（Realität），它同人类现实生活的精神内核紧紧相伴，促使他们积极进取。更高的精神生命表现出的种种成就、突破和启示，皆建立在人发动自己的力量、为自己设定目标、抗衡纯粹的自然的基础上。人同时在不同点奋进，他在此处付诸的力量可能明晰而深厚，在别处则模糊而微弱，直到最终找到了一个完整的展现力量的方式，借此向着目标奋进，超越一切孤立的知识和幻觉。这就是发展思想（Entwicklungsgedanken）的永恒核心，在这个意义上，它不光意味着一种前设，由此设定关于精神生命的所有信仰，还意味着一种多少明确宣告出来的经验事实。

当然，我们绝不可以把上述目标思想同生成的因果法则混为一谈；要从事实的序列划定品质上的高低阶段，从所谓"可经历史证明的概念内容的穷尽"得出历史的绝对实现，亦是不合理之举。故而依照法则测定历史各阶段的学说，或者说辩证法①理应被抛弃。同样，与之关联的学说，即认为理念对现象发挥了纯粹的、彻底的影响，也应当放弃，因为在它看来，纯粹的、绝对的思想必然要贯彻自己的发展进程，一切暂时的、个体的形态作为其有所遮蔽的中介状态，有待被克服。于是我们不再坚持泛逻辑主义和一元论学说。正如普遍有效的事物并不等同于产生全部现实的法则，发展亦非理念内容简单地相继化为实在的过程。莫不如说，发展意味着朝向绝对精神目标的各力量在不同的却又并存着的

---

① 这里特指黑格尔的辩证法。——译注

诸点同时爆发出来，因此任一力量首先只在自己作用的范围内积蓄着丰富的内容，直到诸力量相互碰撞，陷入自由的精神伦理斗争里的人开始衡量它们的价值等级，并努力地将它们整合进一套历史哲学来赢取评判的立足点。

故而所有都是暂时的、个别的现象，我们不可不提取它们的理念内容汇入一个纯粹普遍概念，而要考虑到个体所处的一再变换的复杂情境，因此还要顾及他立足的自然基础、偶然的境况，以及因敌视理念造成的阻碍。如果说在诸现象中，存在着一个根本性的总体力量的聚合点，能突破纷乱的局面，那么该聚合点也只是一个个别的历史事件，我们不过将它的理念内涵从最初的形式和情境关联里抽绎出来，以便重新安置入同样个别而新的情境关联之内。

人可以从无限丰富且始终变化着的现实总体里抽取出一些独特的方面，能将现实总体里的普遍适用的法律要素析取出来定义为自然法（Naturgesetze），能从历史错综复杂的经纬里塑造个体（Individuen）。然而人无法再将自然法和个体这两个成分整合进有机发展的总体，所谓有机发展的总体，指的是不仅能从总体的统一法则里抽象出必然的发展序列，也能从中抽象出价值的高低等次。黑格尔的学术影响直到今天仍受追捧，却无论如何再也行不通了。发展概念总归是一种直觉（Intuition）和预感（Ahnung）。科学一方面只能确定个别现象间的因果关联，另一方面则为标准的确立建构了条件。然而标准本身，说到底无非历史时刻里的创造物，它本身又是人向着未来持续挺进的工具。我们不可能从总体发展的法则里明确推导出标准，毋宁反过来说，对法则的预感，是根据从当前处境得来的标准确定的。

然而当我们把这里提出的发展概念付诸实践,宗教史(Religionsgeschichte)便占据了一个特殊的地位。① 国家、社会、艺术和科学的文化内容皆为客观事物,它自在地即具备有效的价值和理念,无须从自然的主观欲望里产生出来,反倒是它为主观欲望开辟了一个崭新的、更高贵的世界。尽管这些客观的价值和理念指明,世界的基础与总体结构依赖于一个更高的、精神性的现实,因而总包含着宗教的要素,但它们转向面对永远变化着的形态以及一再翻新的自然的现实关系,在这一根本转向里,无论基本思想看上去多么简单,却总要面临新的复杂情形。与之相对,宗教就其真正严格的含义说来,指在宗教经验里提升到神性,即反过来转向永恒者和持存者,正因如此,宗教同一切文化处在相对紧张的关系里,尽管文化通过宗教掌握了自身的最终根据和终极支持,同样,文化得以参与神性在人心内的直接临现过程,而以往,在世俗世界和人类的日常劳作里,神性通常不会显现。

神性在人心之内的直接临现,还有它同全部人类精神生活的永恒且持存的基础之间的关系,一道令宗教思想的外在表现变得极其质朴简单,它们亦不至于让凝聚着所有生灵的精华暴露于人世激烈动荡的境地,或迷失在纷繁复杂的预言之中。如果一切主要方向上的文化内容相对简单且恒定,那么宗教的思想与力量最后仅在几个有限的伟大启示里显现。因此我们有理由期待,宗教的根本意义将随着人类历史的上升进程公布出来,而不系于某些狂暴杂乱的时点,对我们而言,这些时点可能毋宁展现出离弃世

---

① 参见我的论文《基督教与历史》("Christentum und Geschichte"),收录于《普鲁士年鉴》第八十七卷(*Preußische Jahrbücher*, Band 87)。

界(Weltfernen)的意义。

由此,我们十分确信最重要的文化内容已然齐备,有了它们,我们便能施展无限的工作潜力(Arbeitsmöglichkeit)。我们越相信宗教已呈现其原则内容,越是从组织的视角确定了精神生活的关联和统一性,就越不会把宗教视作一种短视的天真之物。正如我们可在历史上升进程里随处看到人类精神劳动的伟大成果,我们可期待宗教思想达至更高水平,随着历史的演进,其原则更加明确;因此从不多见的几次宗教思想的伟大突破看来,我们期待的并非宗教思想诸变种玩的一场无目的的游戏,而是最纯粹、最深刻的上帝观念取得胜利。

宗教史的考察显示,上帝观念本身并不由某一科学的宗教研究或某一调和方法得出,仿佛能从不同宗教那里提取出共同的东西,继而将它称作宗教的普遍概念,据此忽视诸宗教间的重要差别。毋宁说,探寻上帝观念,意味着在诸历史的、实证的宗教力量以及启示之间的探索活动。

在文化生活里,伟大的新发现其实是很罕见的。随着文化生活确立起各个重要的基本方向,个体间的细微差异越发凸显,但个体的创造性行动也在减少,这种情形非常合乎宗教领域的现实。① 历史的上升进程促使个体创造性的宗教力量日益减弱,因为宗教观念越深刻,越有俘获人心之力,个体的宗教生活便越被伟大的启示占领,他的虔诚只不过增加了宗教情调和思想的细微差别。宗教生活里的无力和虚弱,还有存在于所有高级宗教里的救

---

① 参见我的《宗教的独立性》("Die Selbständigkeit der Religion")一文,刊于《神学与教会报》,1895,第5期,第420—422页。

赎渴望与献身之愿，不过从另一面反映了宗教追求高贵目标、展现自身力量的现实而已，因而它们也证明，个体一旦过上高级的宗教生活，就不可能任意地创造出宗教力量和思想。随着历史向上进程的展开，特殊的宗教生活愈发同一般性的精神与文化生活形成差异，朝气蓬勃而又在某一方面极具魅力的宗教人格从信众当中脱颖而出，我们只从他们身上感受到了伟大的宗教运动的变革伟力。

现代的相对主义者和个体主义者明显忽略了上述事实，他们揭露完所谓迄今为止的宗教大骗局之后，相信印刷品和小册子的宗教时代即将到来，在这里，每个人都可援引最终发现的历史相对主义思想，甚至通过加入自己杜撰的宗教经验，为历史相对主义添砖加瓦。但明显这些人对历史的教诲一窍不通。因为历史告诉我们，发展到更高阶段的宗教，就其内在本性而言，仍系于历史的和实证的因素，宗教的发展进程，不是在否定历史的和实证的因素，而是在筑牢、扩展和培育它们，给它们铺展更宽广的道路。我们的文化世界不会孕育一种"新宗教"①，至少我们的总在自然地分化着的科学知识不允许它产生出来，因为"新宗教"单纯

---

① 特洛尔奇可能在此暗指阿图尔·伯努斯（Arthur Bonus）的"德意志民族宗教"，伯努斯在其他地方也明确地使用"新宗教"这一名称："一种新宗教尚不被人期许，尚未被建立和'创制'出来；只有接下来的时间能决定和明确，是否一个新宗教存在于此。"参见阿图尔·伯努斯，《论宗教的危机》（Zur religiösen Krisis, 1911），第一卷，第105, 112页。特洛尔奇对此更具体的说明见于他的论文《神学与宗教哲学中的逻各斯与神话》（"Logos und Mythos in Theologie und Religionsphilosophie", 1913）[1]。——全集版编注

1. 本文中文版可参见《基督教理论与现代》，朱雁冰等译，北京：华夏出版社，2004，第127—150页。——译注

脱胎于天真淳朴，同时充盈着伟大理想的民族幽深之根。故而我们仍需依靠既有的强大宗教力量，必须一方面捍卫它们免遭怀疑主义、无政府主义以及自然主义无神论这些病态文化侵蚀，另一方面将它们纳入新的智识视野，并且适应新的伦理和社会责任。①

---

① 这里只是延续了我的早先论文《宗教的独立性》与《形而上学与历史》(《神学与教会报》，1897，第 8 期)的论述，但也部分地让我的想法展现得更明确，因为我在此更强调宗教的现实同宗教概念的理想的断裂性。此外，我应当提到奥伊肯的新书《宗教的真理》(Der Wahrheitsgehalt der Religion，莱比锡，1901)。这本书总体上和我的看法接近。但在我看来，奥伊肯想要过于迅速地解决绝对性问题，而他自己的表述毋宁损害了这一问题构建的前提，因为他的想法的根基，在于宗教的目标观念是从同实际的既定自然事实的斗争中产生出来的，在此斗争里，它只能从原则上被预见、被明确下来，却永不能完全实现。[1] 此外，可进一步参考奥伊肯的《我们还能是基督徒吗?》(Können wir noch Christen sein, 1911)一书。

1. 根据奥伊肯的说法，"上帝观念"由"人之独立的精神生活的发展"(第172 页)孕育而生，因此"支配世界的精神生活必须满足三个主要条件"："(1)精神要紧密地合为一体，以便凌驾于经验之上，在自己的领地里自由成长；(2)它要在经验里保持自己纯粹性，要超越经验的一切价值；(3)它必须有能力克服一切外部挑战，从自我出发塑造外部事物"(第 173 页及下页)。这些经验"绝不由人类的既定关系和自身的能力给出；故而生命过程的可能性系于一种超世俗秩序的掌控力，为此的斗争也直接地就是为了争取一切精神生命可能性的斗争"(第 174 页)。"除了从生命过程本身出发，人不可能从其他地方赢得关于这种绝对精神的确信之依据；人越强烈地、痛苦地感到惊艳世界的矛盾，越觉得无法在生存的大地上维持精神生命，他就越感到发展上帝观念并确信它的紧迫性。"(第 182 页)——全集版编注历史学研究引领我们去作这番思考。我们的思考当然属于历史哲学,而非严格的科学。但科学并不只等同于纯粹的、精确的科学,否则它必只局限于数学和自然科学,还有严格基于动机心理学的历史研究。一旦我们考虑到科学对于人类内心生活担负的最重要的责任,毋宁说所谓精确性和严格性的要求根本是无力的,因为在实践生活里,主观的评价和立场无处不在,如果妄想把它们通通消灭,代之以自然科学的或精确的历史学方法,那么导致的结果要么是荒谬,要么是每个人都拒绝获得超出烦琐知识的学问。

　　但反过来说,我们的历史学思考也不能让位给舍弃了科学的自我觉知(Selbstbesinnung)的实践活动。因为实践本身早已处在科学的影响之下,只不过它从科学那里拿来的东西未经深思熟虑的批判,也未得出什么结果,故而实践总在天真的先入之见同怀疑的无政府主义之间来回摇摆。

　　排除掉种种谬误后,剩下的就只有一种类型的科学研究了,它要尽可能地把握历史的经验,并通过审慎的比较和考虑,从中获取规范的知识。历史学本身并非对规范的执行,而是滋养规范的大地。历史学描述的诸有效规范并不一定会被我们承认,但它们无疑能提供一些原则性的启示,由我们发展出真正有效的规范。

　　接受规范事实的立场,意味着承认人类精神的一种特性:一方面,人类精神有义务服从更高现实的规范;另一方面,人类精神坚信一切启示的规范,他相信它们植根于一个最终的统一思想,这一思想绝对必然而又充满价值,它作为历史的终极意义,具有永恒的超越性,但与此同时,它作为目标和理想浮现于人类眼前。上述两方面特征皆属于一门历史哲学的前提,而且是历史哲学首要基于的主观要素，所有其他内容都是进一步地从中产生的。

　　历史学有它自己的科学园地，因为它的领域是由个体和一次性的现象组成的。尽管如此，在这些个体和一次性的现象当中，普遍有效的事物或同普遍有效的事物相关联的事物，每次总会一道显露出来。要把个体性和普遍性置于正确的关系里看待，乃是一个很困难的问题。启蒙思想着眼于普遍者和有效事物；德国唯心主义则以其诗意的深邃和公正的态度，看到了事情的多样性，但因它徒劳地尝试通过其形而上学的发展理论克服复杂局面，以至于为今日无节制的相对主义打开了大门。其实启蒙思想的观点更接近人类精神气质（Ethos）的基本冲动，相较于现代历史学视角不断微观化的趋势，启蒙思想也许更正确地把握了历史学的主要方向。然而现代历史学的发现馈赠给我们一个充满深度、意蕴和生机勃勃的世界，和启蒙的历史观相比，它显得远为真实而生动。因此我们有必要更精确地限定相对者和个体的范围，认识到它们向其目标方向发展的过程中，发挥效力的普遍有效者是什么。之后，我们只需考虑包含在相对事物之中的必然事物以及由必然事物给予我们的启示，还有作为历史彼岸开端的绝对者，正像歌德的诗里说的：

> 你走不进的理念国度，
> 我却知道它的海岸线所在，
> 确信征服不了那座岛屿的人，
> 却因此能抛锚起航。①

---

① 引自《谚语》（"Sprichwörtlich"）一诗。——译注

第四章①

① 英译本为本章取的小标题是"基督教:我们的焦点与一切宗教发展的顶点"。——译注

从迄今为止关于研究对象的考察中,我们得出了如下结论。

历史学的思维本身并不排除承认基督教乃适合于我们的最高宗教真理,由此出发可以组织起基于宗教信仰的价值体系。这就是我们思考出的成果。但真正的问题仍然存在:"反过来说,历史学的思维方式是否相信基督教是最适合我们的宗教理念世界和生活世界的宗教呢?它是否正面地包含了对基督教的承认呢?"现在我们要回答这些对实践生活来说至关重要的问题。

正如我们在之前论述的,这些问题的答案取决于个人信念。当然,此信念并非源于孤立的研究,以及一开始就把基督教绝对化地来思考,而是源于比较基础上的通观(Ueberschau),在内心里通盘地考虑诸假设性的体验价值。在前一种情形下,人心中可能形成一个事实上正确且足以应对实践生活的信念,但它顾及不到由普遍的精神状况产生出的问题和困难。这种信念尽管有一切类似的理由来支持,然而说到底不过一种信仰告白(Bekenntnis),因此避免不了被责难和嘲讽,那些只承认能由数学证明的严格真理的人就是此类批评者,此外,还有一部分人认为,任何违背直接经验所得的内容,通通是模糊的幻象或自私的错觉。然而一旦没有俗人的责难和嘲讽,宗教信念也就不存在了,取而代之的只有肤浅的宗教意见。不过批评宗教的俗人并未垄断科学思维,毋宁说他们的思想只涵盖了现实生活的一部分内容,而且对于他们而言,相较实际的现实,他们思想真正通达的现实内容似乎更封闭、透明和自足。这就是为何上述信仰告白能完全同科学的意义和思维兼容。在其中，除了基于来世信仰以及提升内心生活至伟大境界的体会之外，别无其他决断。

在我看来，尽管当前的宗教危机造成了种种困难，然而面对本章一开始的问题，我们仍能完全平和且愉悦地提供一种关于基督教的知识来回应它们，只要读者从历史总体现象着眼审视基督教的话，就可以理解我们在此论述的内容。这样一来，基督教结合了以色列的先知预言、耶稣的训诫、保罗的神秘主义、柏拉图主义和斯多葛主义的唯心论、中世纪欧洲文化同宗教思想融合的统一体、路德的日耳曼个体主义、新教的良知和行动论。这意味着基督教有其丰富的可能性，它同我们的全部文化存在着一种内在的本质性关联，因此要撇开它，创建一个全新的宗教是根本不可能之事，但这并不妨碍我们提出一些新的可能性，综合进基督教未来的发展进程。①

考虑到我们要解决实践方面的宗教问题，故而无须考察诸如泛鬼神崇拜（Polydämonismen）和多神教（Polytheismen）这样的宗教低级阶段的现象，不过它们对于宗教的起源以及宗教的心理学根据这类问题具有科学意义。宗教的起源问题不在本书的讨论范围内，所以我们不会回答它；宗教的心理学根据则在此被当作已解决了的问题，因为去分析这些模糊而晦暗的领域，只为证明不可能从心理学上推导出宗教更高阶段的特征，乃是错误的且无意义之举。此外，更高阶段的多神教有十分重要的研究意义，一

---

① 参见我的《何谓"基督教的本质"》（"Was heißt 'Wesen des Christentums'"）一文，刊于《基督教世界》，1903。

旦我们要从历史的角度领会从多神教里发展出来的伟大普世宗教(Univeralreligionen)①以及哲学理性主义的宗教批判传统,它就派上了用场。尽管如此,我们的比较研究毋宁要直面那些伟大的普世宗教,它们带着彼岸的超感官世界的宗教财富进入我们的感官世界。正是它们破坏掉了宗教同国家、血缘以及地缘的自然关联,让神性同自然力量与现象间的交织裂解开来。唯独在它们当中,一个更高贵、更具精神性的永恒世界才同感官世界产生对峙,宗教才发展出它完全的、海纳百川的力量。

比普世宗教低等的是律法宗教(Gesetzesreligionen),这些宗教缺乏有深度的力量;它们将两个世界并峙在一起,通过向人类灵魂下达征召命令,要求人类奋力提升自己到更高世界的境地。只有到了救赎宗教(Erlösungsreligionen)这里,两个世界的分离才彻底完成,它使人从内心摆脱全部既定的现实条件,同时也摆脱了他自己的灵魂本性,以此让自身充盈神圣的力量,同现实以及过去的自己相抗,进而将克服了世界的行动价值和展现善的唯一价值给予现实。人满怀胜利的信心做这些事情,他为着一个更高的世界而过当下的生活。

犹太教与伊斯兰教是从以色列先知运动发展出来的两个分支,它们主要是律法宗教,因此并非完全克服了自然以及特殊因素的束缚。救赎宗教虽然同样发端于先知运动,但就其内核而言,它已然超越先知预言,基督教正是如此:它让上帝和灵魂完全地、彻底地从世界里解脱出来,将两者提升到新的人格境地,在其中,自然被克服、被重新塑造,无条件的价值实现了,一切纯粹的

---

① 英译本译作"世界宗教"(world religions)。——译注

存在者和既定事物也被超越了，因为这时从世界深处孕育了一种必然的、无限的价值，并且经人的每次行动变作现实。此外还有印度的救赎宗教类型，它在很多方面类似于新柏拉图主义以及融合了古代晚期诸宗教运动的诺斯替主义（Gnostizismus）。印度救赎宗教的神性思想发源于古老自然宗教的幽深基础，然而待到它兴起，便反过来扼杀已在多神教文化里发展出的伦理化和人格化的萌芽。神性是纯粹的、最高的存在，是最高等的世界秩序，与之相比，世俗世界的进程则晦暗不明，正走向终结，因此救赎意味着世界进程的再度扬弃，所有人格通通消解于纯粹的存在里，换言之，人格的实存和价值对于这种宗教感觉来说，压根不是问题。

律法宗教如犹太教和伊斯兰教，也因其预言或承诺而近似救赎宗教；宗教的自我觉知亦从相对高等的多神教里提出了神秘的要求和启示。唯独在法律的基础上，救赎才总同自为地从事创造活动的灵魂业绩紧密相合。立足于原始自然宗教的救赎神性则总是一个具身性的存在，他没有生机勃勃的活力，使灵魂从世界里超拔出来，让灵魂转变为世界的抗衡者；他反倒必须经灵魂的自我弃绝的行动和思考的艰辛，被把握为一件永远存在着却又不具人格的事物，一个关于既定现实的最终抽象品。

这种情形不仅决定了基督教同与之对立的宗教发展的先前阶段即柏拉图主义以及各式晦暗不明的调和论救赎理念之间的关系，而且首要地决定了它同印度救赎宗教之间的关系。印度宗教并没有经历过像在先知预言里彰显的人格生命的经验。婆罗门教的无宇宙论（Akosmismus）和佛教的寂静主义（Quietismus）乃是两种救赎思想的形态，它们从自然宗教的土壤里生长起来，是结合了辩证批判的宗教性、伦理性的自我沉浸行为（Selbstvertiefung)。神变为绝对的一,他既永恒又永无变化,相反,世上所有伴随着痛苦和欢乐的有限的、暂时的事物只是假象,同时,只要这种知识将灵魂和神合为绝对不可分的统一体,那么它就从世界解放了自己。或者说,神最终变成世界里的事件序列的纯粹秩序,还有站立在世界背后的至福的无(seligen Nichts),人不是通过思辨导向了这个无,而是因他知道一切有限事物皆假象、皆无本质,他的意志便弃绝了实践。无论如何,对于印度的救赎宗教而言,克服自我和世界的伦理思想,以及深刻感到真实世界同假象世界对立的宗教情感,皆在发挥着作用。但神性首要地是对存在者的最终抽象,是赤裸裸的一,因而人仅靠沉思和禁欲的自我救赎通达神性;除此之外,神性说到底是纯粹的秩序、纯粹的命运,这意味着人通过意志的弃绝行动和真正的知识,可能救赎自我;意味着他将自己化入无,实现功德的最终圆满。不过在此,印度宗教将两个世界并峙在一起,仍缺乏更高世界的真理、力量与生机,它还不足以解放和改造人,毋宁只有那些诉诸自己的劳动和天然的灵魂力量的觉悟者,才必然自觉地走上追寻神性的道路。

在所有伟大的宗教里,基督教的确是对人格虔诚来说最强有力、最全面的启示。怎么褒扬它都不为过。基督教占据了独一无二的地位,只有它将人类随处感受到的高低世界之别践行到极致;也就是说,基于一个发端于自身行动和内在必然性的更高世界,基督教将经验现实视作物性的、实在的给定者,它构建经验现实,继而转化之,最终扬弃之。要达至这一功绩,它必有可能让人在沉沦于世界和罪孽的灵魂同与之反向而行的上帝之爱间,造就救赎性的关联。总之,基督教是唯一完全打破了自然宗教的界限和条件的宗教,它描绘的更高世界由具备无限价值的人格生命组建，人格生命进而塑造和制约着其余一切事物。只有当肤浅的自然意义附着于世界之上，并且罪恶在世界之内施展力量，基督教才会否定世界；反之，当世界由上帝支配，虔诚者感到世界源于上帝且朝向上帝，基督教就会肯定世界。无论否定还是肯定，都带来了一个真实的、更高的世界，它的伟大力量和傲然独立不曾在其他宗教里体验得到。

人要在两方救赎之间作决断，一方是通过思考超越性的存在和虚无获得的救赎，另一方是通过信仰分享神性人格、融入一切生命和价值的基始获得的救赎。说到底，它是宗教的自我觉知的决断，而非经科学证明达成的决断。我们只有在人格宗教这里发现更深刻的生命和更高贵的目标。

不论对于经验地思考世界构成（Weltbestand）而言人格宗教在本质上提出了多么困难的问题，也不论决断在多大程度上属于纯粹宗教信念领域的事务，我们都不可能不去考虑一个普遍的根据，让完全任意的选择变成真正的决断。不管怎样，宗教史研究指明，基督教不仅在其中占据了一个根本上独一无二的地位，而且在自身中汇集了朝向一个共同目标的趋势和动力。当我们体验性地考察诸宗教，检视蕴含于其中的启示力量时，当我们受内心信念的必然性驱动，谈及宗教的更高级、更深刻的阶段时，无疑都会感到诸宗教有一个共同的目标。正如我们上文关于标准的论述适用于目前，我们已探讨过的宗教史的发展观念也同当下的研究吻合。

经验告诉我们，所有伟大的宗教的基本思想、力量、冲动和发展方向都有相同之处。正因我们极强烈地感到内心劳作的冲动，感到宗教力量发挥着极深刻的作用，所以尽力去寻找诸宗教共同的东西,我们到处都可找到它,并在某些地方强有力地表现它,但随后,它再度束缚于到处难以逾越的界限。一般而言,高级宗教思想里都会包含四套观念群,它们分别是:神、世界、灵魂和超越性的世界(Ueberwelt),最后一个乃是在与其他三个的关联里实现的更高的、超越世界的生命。毋庸置疑,它们皆为宗教特有的思想,而且预设了总体文化生活是灵活多样的且达到了一定的高度,它们只是偶尔才会触及科学反思的概念。只需审视一下它们中的任何一个,看看它们之间的关系,我们便能清楚地认识到,它们努力追求的目标,就是基督教所具备的完整的独立性以及充实的力量。

上帝概念包含着追求统一、灵性和伦理的生活,同世界与人类灵魂对立的倾向。反过来说,世界概念和灵魂概念因彼此间的尖锐矛盾以及它们共同的与上帝思想的对立而产生。然而日益激烈的冲突,不免萌生出超越感官经验的更高生命感,还有分享救赎的喜悦,它们克服了对立。我们在基督教之外的其他宗教那里,也经常能见证这种升华现象,它们展现着自己作为最强大的宗教力量这一面,但是我们同样看到,它们仍抱持原始的上帝观念,将上帝看作自然存在和自然效力,不止如此,它们只把人理解成一个单纯的存在者,没有认识到,人正是通过其献身的行动才成为了人,故而它们根本上受到束缚和阻碍。律法宗教尽管宣示了神的精神意志,但是它们让自然人自己去克服世界。非基督教的救赎宗教尽管用上帝实体消解了世界和人类,但是也因此丧失了上帝本质里的所有内容及其正面的含义。唯独基督教克服了残留的自然宗教的感觉,揭示出生机勃勃的神性,神的行动和意志对立于所有纯粹的存在者,他将灵魂同纯粹存在者截然分开,并在区分的行动中同自身结合到一起,以便从罪恶和荣耀里净化自己,让自己保持安然和恬适的状态,进而构建纯粹人格价值之国或上帝之国。①

因此我们不但要把基督教视作宗教发展的顶峰,而且要将它理解为一切可认识到的宗教发展方向的交汇点(Konvergenzpunkt),与其他宗教相比,它乃所有宗教特征的综合体,并从根本上为人开启了新生活之路。这同靠抽象方法得出的普遍宗教概念不是一回事,对此,我们无须赘述。正是由于其独特性和典型的特征,宗教的目标到此才体验到自己的真正决定性的性格,才见识到自己的顶峰。

但与此同时,我们不应忘记,最高的、最纯粹的和最强有力的宗教生活的启示也是一件历史事实,和历史现象一样受到个别和临时情形的限制。只要活在世上的人,无论具有怎样的特质,必然都摆脱不了历史条件的约束。由此一来,我们无法绝对地保证,这个最终的顶峰必定能一直保持下来,并且任何超越它的可能都不存在。的确,人也许在基督教里感到自己作为人的最深刻的需求得到了满足,然而这可能未尝不是基督教在主要事情上促使人产生出这样的满足感,而且我们无法否定,一种比基督教启示更高的启示能使人发现更深刻的宗教设想。不过直到今天,事实上很少有谈及基督教被超越的言论,反倒大多相信一切最高的宗教力量都只从基督教里发展出来,故而这里无法推导出否定基

---

① 参见我的《宗教的独立性》("Die Selbständigkeit der Religion")一文,刊于《神学与教会报》,1896,第 6 期,第 186—205 页。

督教的扎实依据。在没有证据的地方,剩下的只有信仰,而信仰的声音告诉我们,根本没有可能创造出一个比基督教更高的宗教,正如基督教意味着相对于一切宗教发展的先前阶段的一个全新阶段,生命迄今为止的所有扩展和深化,都只是在它的田地里实现的。因此我们的信仰应当把基督教看作宗教水准的升华,人类内在生命也应当在此基础上进一步地向前推进。只不过我们既不能也不应认为基督教是一个绝对的、不变的、已然完尽的真理,对此,我们除了要关注历史思维提出的要求,还应思考基督教本身。因为基督教最本己的中心思想,乃是它给予人参与神圣生活的机会,馈赠给他们信心和力量,此外,直到此岸世界时间的中止和上帝法庭的临现,未来便只属于绝对真理了。遵循基督教的理念,我们知道,绝对者处在历史的彼岸,而他本身仍是多方面被遮蔽了的真理。

当我们通盘考虑一切情形,就必定会注意到我们的古代－基督教－欧洲文明(antik-christlich-europäische Zivilisation)全体有可能再度堕入野蛮状态。这就意味着今日基督教形态的终结,也就是基督教同耶稣人格之关系的终结,还有基督教同其他历史基础之关系的终结。然而不管怎么样,基督教的人格救赎思想的真理和有效性都不可能完结。但凡我们想象一下,人类还将存在数千年,那么就必然会认识到,人格的救赎宗教将以其他历史形式再度出现,它要么从古代的遗迹里再生,要么塑造全新的面貌。

当然,这只是一些极端的可能,但人不应弃之不顾。为了消除任何遗留下来的怀疑和不安感,人必须正视它们。一旦我们面对这些可能性,就绝无理由认为作为具身性的人格救赎宗教的基督教是已完结了的、被克服的东西,或者说终将被毁灭的东西。

第五章①

① 英译本为本章取的小标题是"这种理解进路的效果"。——译注

在这里，让我们总结一下考虑完主要问题之后得出的结论。

作为人格救赎宗教的基督教是我们所知的最高的、最合乎逻辑一致性的宗教生活世界，它基于先知与耶稣的教诲，由《圣经》提供了经典的核心依据，进而同古代和日耳曼文化融为一体，展现出不可估量的丰富内容。在我们思虑可及的未来发展进程里，基督教所蕴含的真诚的生活（wahrhaftiges Leben）将一直延续下来，它将被未来的发展包容，却不可能被否定掉。或者假如我们应当考虑到，文化与精神的发展很可能中断、退化，那么我们仍有理由期待，真诚的生活会在新的起点，以类似于基督教发展的进路重生。

这就是我们现在的境况，而且仅仅在这个意义上，我们才会坚定地宣称"基督教的绝对性"。所谓"基督教的绝对性"，乃是结合了当前绝对的决断与相对的历史发展建构，继而从该结合出发，我们才能作判断。我们不能只靠制造一个绝对的奇迹印象（Wundereindruck），通过信赖这个孤立的对象，来证明基督教的绝对性；也不能从历史发展进程里提炼出一套所谓明确可证验证的法则，来证明基督教的绝对性。无论绝对的决断还是相对的历史发展建构，这两种对待基督教的立场其实都包含了正确的因素，只是任何一方都未穷尽基督教的真理，毋宁说，它们必须同时既在对方里存在，又彼此共存。由此产生的"绝对性"就无非指我们从历史里认识到的最高价值，以及我们确信已经掌握了通往完全的真理的方向。

如此一来,进一步的问题出现了:这种"绝对性"是否能够满足那些虔诚地寻找上帝、为上帝辩护的人呢?谁要是对这个问题毫无感觉,更不要说由此思考解决方案,就无须枉费力气想它。因此他完全可以仰古老的信仰依据的鼻息,不受搅扰地生活。至于这种对"绝对性"的确信是否满足创立大型教会组织的需要,或者这些教会组织确定真理概念时,是否不需要一种更严格规定的、完全不宽容和不妥协的绝对性,也通通不成问题了。答案是显然的,教会当然需要不容异见的绝对真理概念。不过教会毕竟已经建立起来了,一旦宗教生活的外壳历经不同文化时代创造出来,人类就没有必要永远重复为此必须具备的激情和严苛的教条。

所以我们需要处理的问题只是,是否这种"绝对性"能满足朴素的并且对现代生活有所感受和有所思考的虔诚者;最首要的,它是否能满足我们的神职人员和神学家,这些人经过人文中学(Gymnasium)和大学的学习,从写作到生活,统统被置入现代文化的语境,那么这里的"绝对性"是否能为他们提供一个快乐的劳作基础呢?今天的神职人员和神学家迫切地需要安全感和愉悦感,能摆脱一再压得他们喘不过气的护教方面的焦虑,进而能自由地施展拳脚,履行永恒而灿烂的天职,向民众宣讲宗教伦理的真理,给予民众启迪和教育。他们不应当在布道时讲授护教学,但应以护教立场为基础,摆脱任何一种护教学教条的强制,因人而异地教育之,不过,万变不离其宗的是传授给他们纯粹信念的力量。那么我们在这里的论述是否符合了这一需要呢?

我们可对这个问题作肯定的答复。

虔诚的人想要拥有真理,想要发现真正的上帝,想要把握上帝的真正启示和教谕。然而是否因此他就需要绝对的宗教,使他能穷尽上帝知识的本质和概念,能不受任何变化和复杂化的干扰,能跃出历史的局限？或者说,如果某人不理智地抽空了"绝对宗教"这个词的丰富内涵,只把它定义成最终的、不再能被超越的宗教知识的顶峰,那么他的虔诚心灵所要求他的,难道不是确保后人不再获得一个更高的宗教知识吗？在这种想法的背后,难道不正包含着人性天然的狂热吗？他希望跳出生命的种种限制和条件,站在一块耕耘完善的土地上,让一切向着真理的劳动、斗争和付出归于沉寂。但这种狂热本身不是对虔信者的冒犯吗？他们直面自己的灵魂困境,以及不断变化着的意见和力量,难道不比那些极容易躺在既有成果上酣睡的肤浅孩子更深刻地认识到俗世生活的荒谬吗？只有当某人知道总要以某种方式、在某种历史关联里、以某种思想形式来体验宗教力量,就像我们今天体验的那样,他才确定自己体验到了宗教力量,这难道不正反映了他的怯懦和内心的不安吗？

虔信者的首当其冲的需要,难道不是实实在在地从内心深处确信和上帝相遇了,听到了上帝的声音？传到他耳里的上帝指示极清楚、极明了,紧紧攥住了他的心灵,难道他不应追随之,并把自己的将来交给上帝吗？对于他心里感到且不断经受着内心考验的生活真理,难道他不会确信此真理永远都不会变作虚假的东西吗？如果他纯然地相信,在我们的全部视野里,没有任何启示高于耶稣人格之内的上帝启示,那么这种信仰难道没有威胁到他吗？当然,这只是一个概然判断。然而一旦我们的认识仍然处在晦暗不明和纷乱不清的状态,从而我们对于生存和精神胜利的全部信心仅仅是建立在局部体验、片面经验基础上的概然判断,一旦最大胆的护教学理论都无法超出一种基于本能的概然判断,即上帝不会两次或更多次地展示他的神力和其他特别的奇迹,那么难道我们不会非常蔑视或强烈鄙夷这种所谓的概然性吗?

经过以上阐述,我们就从科学话语过渡到了宗教话语;从运用普遍概念、法则和必然根据的科学论辩,过渡到了宗教性的考量,即权衡某一宗教思想对于我们的生命和情感的直接价值。这是我们布道和沉思时的腔调语气。同样,对待目前的"绝对性"问题时,我们采用的也是这一方法。只有持"唯科学论"(Wissenschaftlichkeit)的狂热者做法不同,唯独当他们将自己思考和价值判断翻译为一套看似科学的定理时才会相信它们,如果没有翻译成功,他们就会否定一切直接肯定生命的言辞。

我们之前的考虑足以满足科学的要求;现在要考虑的是,我们从科学得来并且同科学相对的可能的生活态度(Lebensstellung),是否足够使我们能直接地评判生活、感受生活;如果这是可实现的,那么我们进一步要问,这样的生活态度是怎样被塑造出来的呢?无论如何,只有宗教的沉思或自我觉知以及从直接的情感迸发的呼唤之声,才能让使之成为现实。否则,一元论者无法证明其泛神论观念的充分性,人文主义者无法解释古希腊教育的崇高,未来的先知无法讲清何谓超人。让我们继续用这种特别的宗教言说方式讲下去吧,不必担忧他人对此的诽谤。

虔信者需要确信自己走在正确的道路上,跟随着正确的星辰。如果在他面前出现了各种不同的通向上帝的路,那么,他将走自己的情感和良知指引给自己的最正确的道路,并在这条道路上努力践行他自己所理解的宗教,或者按照这种对宗教的理解来培育自己。但他并不需要宣称,只有他才拥有真理,别的人都没有;他也没有必要宣称,他拥有完满的、一劳永逸的真理。对于他来说,他有最深和最好的东西就足够了,由此不再寻求最高的东西,因为这种东西不存在,他自己也不能将此虚构出来。他将是一位基督徒,因为他在基督教中感受到了最强有力也最单纯的最高世界的启示。他在基督教信仰中认识到的不是绝对的宗教,而是规范的宗教,对于他自己而言迄今规范的宗教。但他如果这样做的话,就会同时感受到基督教占据的独一无二的地位,展现了宗教发展到一个实质上全新的阶段。他将体会到基督教与生俱来的确定性,因他极强烈地感到基督教创建者的人格形象,所以基督教比其他任何宗教都要深刻,他体会到的上帝启示为他开启了决定性的、全新的生命,因而赢得了信仰:他关心的不仅是对他自己而言迄今的规范宗教,而且是面向未来的规范宗教。

虔信者将通过对历史作一种目的论和发展史式的考察来澄清和确证信仰,并将高度重视我们在这里探讨的概然判断问题,因为他已经推翻了事关这个领域的其他论断。但与此同时,他不会让自己的基督教信仰本身依赖于这些理论。毋宁说,他的信仰立足于自己的体验及其同自己面前和身旁的各种力量间的关系;他的最终决断根据总是在于,他不可能在先知预言的基督教的生活世界找到上帝,如果他通过我们在这里所说的方法找到了上帝,那么无论上帝怎样影响人类,他的信仰绝不会欺骗他。现在,他被召唤到耶稣面前,耶稣乃是虔信者的整个生活世界的源泉和范例,如若无他凝聚信仰,宗教共同体要持续地发展就成了不可想象之事。对我们而言,一切可想象的同耶稣的关联都是信仰;于耶稣而言,我们同他的关联不过是和信仰一道存在的事物,是从信仰衍生而来的东西,但它绝非一种教条性的理论,仿佛人为了成为一名基督徒,就必须承受信赖教条的代价。

虔信者需要绝对事物,需要一个由无穷力量和终极价值组成的世界,说到底,他需要的无非是上帝。只有在上帝里,他才拥抱了绝对者。上帝乃全体历史生命之源,因而人绝不会从任何个别历史现象里体验到绝对性。所谓他拥抱绝对者,总归体现在两个方面:其一,他获得了确信,相信必定存在着一个终极的、充满无限价值的目标;其二,他能凭当下关于上帝的知识赢得对未来的保证。他在历史生活的进程里触及绝对者,然而只能部分地触及,也就是说,他只能以历史的方式触及,从而受制于每次具体的历史关联;他总归仅作为历史个体感受到绝对者给未来的启示,感受到超越历史的永恒且具有无限价值的事物。他只能期望真正参与到绝对者之中,真正在内心里同绝对者相系,在他所参与的不同历史情境里寻找最有力、最深刻的神圣生命。不过即便他找到了绝对者,也只得承认,他只历史地献身于绝对者,他自己当下的实存只能被历史地塑造出来。

希望绝对地在某个点上把握历史里的绝对者,其实是一种妄想。它的失败,不仅在于它根本不可能实现,而且在于它内在地便同所有历史宗教的本质相违。但凡这一妄想凝结为严肃理论的地方,都一定会升腾起教条的僵化、苍白和冷淡气息,萦绕在宗教生活四围。相反,在真正的宗教面前,所有充斥着预感的半昏暗氛围终将消散开来,其中仅存永远鲜活的宗教力量,人在其中才感到自己的渺小与狭隘,因预感和信仰体会到真正的伟大是什么。与之对立的是僵硬的狂热主义,它否定掉所有温和的气质与广袤的胸襟,强制所有人去做他们明确地知道的事情,享用他们已经占有的东西。正因如此,从上帝之口生动讲出的虔诚内容绝无可能转化成僵化的理论;虔诚所要求的是作出赞成或反对的纯粹决断,但与此同时它也给未来的绝对真理、给历史的终结留出了余地。

因此基督徒需要的只是确信上帝启示在基督教的生活世界里真的存在,除这之外,他发现不了任何更高的东西。通过对基督教作纯粹历史学的考察,他亦能赢得这方面的确信,就此而言,他所面对着的是对耶稣及其团契的神圣信仰,信仰以其最强大的转化力、最震彻人心的约束力作用于他。于是绝对宗教不再意味着信仰的斗争,而是意味着不变的、确切的真理,基督徒完全平静地将历史的彼岸留给了它。

为此,基督徒首先应当跟随耶稣布道的话语。耶稣无论到了哪里,都会不带任何偏见地传授上帝的启示,还有遇见上帝时所得的知识,他将这些内容化作对信众的要求,并且向他们承诺,他所宣讲的乃是上帝终极之言,是决定永恒命运的最高真理。因此每个人都应怀着单纯的和洁净的心灵遵守它,准备好在上帝伟力的庇护下迎接未来。全部的救赎、完善的认识和永恒的胜利只有在未来才会成为现实。耶稣带给人最高的亦是终极的和持存的真理,人则感到来自耶稣的力量将自己的全部灵魂紧紧攥住。但也正是耶稣把绝对宗教留给了历史的彼岸。此外,耶稣只是以对信仰的坚定信心,道出了未来同自己人格之间的联系,即他彻底且深刻地宣讲了圣父的意旨与承诺。

最古老的基督教团契已经致力于用护教学来确证上帝赠予他们的真理,并且把真理分离出来。所谓护教学,就是熄灭其余一切光,以便只让耶稣的光芒发亮;就是用耶稣死亡的痛苦彰显未来的最终救赎,以便让一切统统系于对耶稣的信仰。如果耶稣是唯一真实的启示,那么他显然也是规范的、持久的启示。如果救赎本质上已在他的行动里实现了,那么未来的一切显然同他相关。当然,历史学已经否定了护教学的这种人为或粗暴的分离之举,但只要人从上帝过生活,那耶稣就是所有伟力以及胜利希望的源泉,由此一来,加之没有任何迹象显示存在着一个比基督教有更高力量的宗教,基督徒相信人类的更高生活只持续地发源于基督教。

正如对基督教的历史考察足以为主观的虔敬情感赋予充分的力量和确定性,历史研究不会贬低基督教总体现象的价值,使之变得毫无意义。基督教也不会退化成宗教史里的一件随便怎样的古董,仿佛用尽可能学究气的冷漠和无所谓的态度就能研究它,一旦人用这种态度对待基督教,那么他就会怀疑甚至摧毁一切信念,把所有不平凡且罕见的事物拉低到琐碎而平庸的层次。在信仰者本人的记忆里,基督教的历史既光辉灿烂,又染上了护教学的色彩,故而不应像对罪犯一样地审讯它,仿佛从一开始就要抱着极不信任的态度对待它,预先就要就把任何怀疑的理由视作一种可能。

毋宁说,我们必须怀着全部的爱和献身精神来研究基督教的历史,当我们感受到上帝给人类的最高宗教启示,内心就一定会萌发出献身的热情。面对其他宗教的时候,我们也许觉得它们是伟大的奇迹,但当我们见证了基督教产生和发展的历史,必然不会觉得它的奇迹逊于其他任何一个宗教。

无论在基督教还是在其他宗教里,我们都会遭遇非理性的和神秘的事物,能激发起精神对抗物质的伟大力量,还有不寻常的宗教人格,但我们明白传奇故事的心理学原理,所以不会把它们视作无稽之谈,也不会给宗教史打上谎言大全的烙印。相反,用历史学技艺来研究这些最伟大的历史事件,考察我们精神生活的基础,尽管极其艰难,却又是最了不起的、最崇高的事业;我们从历史研究获得的基督教图景,虽然免不了面临传统的种种不确定性,然而眼前之所以会浮现出这些生动景象,一定是因为内心由敬畏和赞叹的最强有力之声唤醒了。

在诸古老的民族宗教瓦解后的废墟上,新的宗教力量从微末的犹太民族里升腾起来,它摆脱了已毁灭世界里的各种宗教取向的束缚,吸收了一切新生的而深刻的宗教运动的成果。有这么一位独一无二的人,他完全活在他的民族的思想范围内,但又拥有无与伦比的原创力,他将自己的生命置于最困难、最伟大的境地,但又教导民众最简单的东西即最有力的东西,他的灵魂巨浪涌入无名者、卑微者和被压迫者的心灵,涌入默默忍受和劳作着的被漠视了的英雄之心,涌入没有哲思甚至不识字之人的心目里,促成他们崛起,令一个已经贫乏的世界焕然一新,鼓舞他们将新的力量贯彻到国家、家庭、社会、科学和艺术领域内,而且面向未来,给他们提出了真正伟大的问题:怎样才能将变动不居的、有限的文化价值,同宗教的价值即唯一的、真正的且持存的生命价值结合到一起?

这幅人格图像将一直延续下去,它会激发起人类的敬畏和虔诚之心,它仿佛原始光点,从中放射出永不枯竭的宗教之光,即便一切光芒都处在历史条件范围之内,即便基督教世界内的人性缺陷并不比其他地方更少。虔信者应当平和地向前,从历史里洞悉他的救赎之道,从历史里赢得崇高的、强大的并且汇聚于一点的力量。相反,一些人丧失了这种力量,因为寄希望于仅靠自己的心灵建造一个漂浮在自由思想空气上的宗教。

基督教终归是上帝对人的伟大启示,虽然其他宗教也是上帝的启示,要用自己的崇高力量,让人类超脱于凡俗、不幸和罪孽之上,而且他们提供进一步启示的抽象可能性,亦不会被任何理论扼杀。就算在任何宗教里都存在着超越自然人及其自然欲望的救赎力量,就算基督教的救赎是在历史进程中一步步地将上帝信仰植入虚弱且有罪的心灵里,基督教也始终意味着救赎。无论如何,基督教首要地是耶稣的业绩(das Werk Jesu),它的最伟大的力量源于它同耶稣的关系,虔信者对它的信心源于他们相信耶稣人格保证了生生不息且无比真实的上帝恩典的存在。即使我们在其他宗教的英雄和先知那儿能感受到上帝的力量和作用,但是基督教远比其他任何宗教深刻,在它这里,信仰上帝同仰望启示者和保证者的生命及苦难紧密相连。同时,即便我们无法证明,某一天耶稣被超越这件事压根就是不可能的,然而我们仍然无法否认一个事实,即我们太弱小了,以至于怎么都无力在我们的内心里发现一个更高的上帝力量,毋宁说,只能靠顺服于上帝及其灵的王国赢得安宁和平静。故而基督教的精神和生命的共同体始终是独一无二的信仰和爱的共同体,它从耶稣而来,受到耶稣训谕的滋养和巩固。除了确信在耶稣身上能赢得最高的宗教和伦理力量,基督教无须其他基础,它亦无须任何护教学,因为护教学着力于剔除一切基督教之外的上帝力量和生命,用超自然的或绝对的方式证明基督教的本性,以此让真理变得更真实。

用一种简单而朴素的历史研究方法考察基督教,并不会让信仰者迷失方向。毋宁说,这将使他摆脱形形色色的困扰与难题,要知道这些问题曾迫使他想尽办法,永无安宁,总逼得他去想新的解决方案。当他在佛教和琐罗亚斯德教里发现了同基督教相近的因素,当他在柏拉图、爱比克泰德或普罗提诺①那里发现了宗教的思想和力量,它们真实地或表面上是基督教的同行者和先驱,那么他无须震惊。上帝也活在这些异教里,在它们之中彰显出来,而且足够清楚的事实是,它们的宗教力量渗透到基督教的上帝信仰和基督教的人格理念当中,强有力地促进了基督教的成长。如果虔信者发现基督教受其先前的和周边的诸宗教发展滋养,注意到亚洲的混合宗教例如古希腊的伦理和宗教哲学与基督教交汇在一起,并融入其中,他亦无须惊讶。反过来说,这些都是上帝存在于其中的鲜活宗教运动,而基督教从所有这些同它亲和甚至与他对立的因素里获得了养分。的确,基督教的主要任务就是变成可在人类内心世界发现的最高贵、最优秀内容的结晶点,它因其强大的吸纳能力和支撑能力,同高贵与善极其相宜。

最重要的,当我们看到耶稣本人和他的最早一批使徒都深受犹太传统和广泛的古代思想的影响,即便它们于我们而言十分陌生,我们也千万无须讶异。这些思想本身即源于活生生的宗教体验;原始基督徒曾生活于其间,因而很自然地用它们塑造新的宗教。他们是古人、犹太人,是一个民族的成员。如果说在这里也像在别处那样,即并不是那些受到高度精英化教育且具有怀疑能力的人士革新宗教,而是由民族大众做的这件事情,那么很显然地,不仅民族大众的视野限定了宗教思想的界限,而且新的宗教观念正产生于直到当时的大众虔诚及其世界图景的基本思想。

---

① 普罗提诺(Plotin, 205—270),罗马帝国晚期哲学家,新柏拉图主义代表,主张"太一"和"流溢说"。——译注

这样一来,从另一个方面来说,新的宗教摆脱了哲学和神学的束缚,摆脱了那些消耗其生气勃勃的意志实体的思维工具以及武断粗暴的法律文书,其批判是纯然伦理性的、宗教性的;进而这一宗教思想本身保留了未被反思影响的纯洁和伟力,使自身有可能从最初的犹太传统里分离出来。

最后,我们无须担心,从犹太传统里分离出来的基督教会堕入希腊宗教的新罗网,会迅速地从其原始高度坠落,沉没于平均的低等境界。事实上,早期基督徒的平均境界已表明了人类内在生命的提升,它发动的力量持续地孕育出新的启示,人在每个历史阶段都体验到了基督教思想的解放性力量,直到今天依然如此。

认识到历史实存的每一刻都必然是相对的,这既不会贬低基督教创始时代的价值,也不会贬低当前时刻以及基督教史里的任何时刻的价值。我们可以对比这些不同的时刻,对它们作伦理和宗教性的判断,揭示它们的不同意义,就像我们比较基督教和其他宗教、权衡它们的价值那般。无论如何,我们知道自己正朝着历史的目标,走在正确的道路上,至于这条路从何而来,本质又是什么,我们听凭上帝决定。正因为我们将自己交托于人格宗教的生活世界,认识到基督教在我们的文化生活与历史时刻里的具身性表现,所以我们朝着绝对的方向行走着,我们的生命向着绝对绽放了。而所有其他历史上的以及同我们并存的宗教,都还没有突破自己,升华为人格宗教。这足以给予我们所需要的以及所能把握的绝对性的感觉。

第六章①

① 英译本为本章取的小标题是"绝对性的两种类型"。——译注

基督教既是迄今为止一切宗教发展的最高点,也是未来所有牢固而明确的宗教信仰得以发展的基础和前提。同时,它不可能改变其历史根据,或者说同其历史根据分离,但凡我们的视阈能触及的话。上述观点是我们直到目前得出的研究结果,它把历史的、相对的内容都考虑进去了,同时满足了我们的宗教需要,确保我们同上帝的结合以及我们的救赎。

210

有了这个简单却又重要的结论,一切问题似乎都迎刃而解了,但我们最后还剩下一丝忧虑,它涉及问题的真正基础,关系到我们之所以怀疑进而希望解决问题的最终根据。

毋庸置疑,我们提出的观点不仅违背了正统神学以及自由神学,而且总体上同基督教会的自我理解对立,基督教会的自我理解,成型于原始基督教团契时代,并通过保罗神学赢得最终的胜利。如果我们坚持自己的观点,那么我们是否还处在基督教世界之内呢?如果我们的观点让基督教会的绝对理论蜕变为所有宗教自我理解的一个特例,那么我们是否还能相信基督教有其特殊的意义呢?我们对基督教的这一认识难道不会根除它原本具有的朝向最终的、唯一的真理的倾向吗?反过来说,假如我们真的承认基督教的真理倾向,那么难道该倾向不会因和其他普世宗教的相应倾向类似,而被怀疑为是幻觉吗?

或者换一种说法:一旦我们所确立的简单而朴素的基督教最高价值的观念取代了"绝对性"的位置,那么这个观念能否摆脱一种同基督教会的奇迹学说类似的特殊的有效性理论（Geltungstheorie），同时不会消解信仰自身的内在本质呢？此外，基督教信仰真能允许历史思维，而不至于否定它的多种普遍效力吗？

回答这些问题，就意味着触及了问题的核心，即基督教能否摆脱它的教会和历史的形式而存在。由此一来，我们再度转向科学研究，考察科学话语。①

---

① 对于本书的这一观点，基尔的教会总管卡夫坦先生呼吁要发动信仰审判。他的做法跟教皇在《主的牧群通谕》里反对现代主义者的做法如出一辙，只不过更认真地复述了我的现代主义学说，并以无比堂皇的口吻宣布了他的评判结论。但事实上，他和教皇的方法是一样的。按他的说法，我的学说无论在哪个方面都同圣经的观点（即保罗的观点）以及教会的观点不一致，而且当我将基督教的观念从其古老的超自然形态分离出来看时，我就肯定不再是一位神学家，更不用说是一位基督徒，而只能算得上一位基督教的宗教哲学家[1]，或充其量是一位有基督教色彩的新柏拉图主义者[2]。但卡夫坦并未探讨我究竟出于怎样的理由要分离两者，也没有研究自然科学、历史学和哲学，以为只作出这样的断言就足够了："反超自然主义就是特洛尔奇的法庭。"[3]根据流行的神学方法，我给出的理由统统被视作自我欺骗的产物，[4]因此卡夫坦认为只有一个"从世界确定的原则"[5]，也即一种不具灵性的意义促使我提出了这些理由，其中根本的理由源于对世界的感知（Weltsinn）。但这样一来，神学根本不可能变得更好，除非它彻底抛弃幻觉，不再承认神学的方法和前提同世俗学科有什么共同之处。[6]显然，卡夫坦和我的想法间的差异就在这一点上，按照他的看法，我的这本书根本不是一部神学著作。与其说它致力于探讨神学，不如说它在寻求真理，而真理之所以可能寻得，是因为我们使用了普适的科学方法。卡夫坦仅仅宣称我总在自说自话，并提到我的"分离"之举这一事实（eo ipso）来证实他的断言。如果从他的推导中得不出什么值得澄清且毫无弊端的结论，那么事实上我也没有必要提出反对意见。相比教会人

士,我更严肃地认识到,那些在现代科学界人士看来,对基督教地位构成损害的东西是什么;我坚持认为,要解决真正的问题,不是靠指控偏离了教会学说的思想,也不是靠引用几句完全脱离了现实语境的康德学派的惯用语。因此我愿欣然接受卡夫坦赋予我的"基督教的新柏拉图主义者"这一头衔,同样情愿接受人们将之倒置过来的"新柏拉图主义的基督徒"这一称谓;这使得我的心灵契合于最有学识的教父们,他们此前受到和我目前类似的判决。[7]我欣慰于我们的上帝不是宇宙的总管,因此我能继续平静地将自己视作一位基督徒。我正是从这个意义上理解了基督教,将此想法写进本书,尤其本书的最后一章。

1. 参见 Theodor Kaftan, *Ernst Troeltsch*, 1912, 第60页, 同时参见第58页。——全集版编注

2. 卡夫坦说:"根据特洛尔奇的观点,世界进程对于基督徒而言是伟大的生成过程,它发源于上帝,最终返回上帝。"(第35页)"这是新柏拉图主义的观点,不过特洛尔奇通过赋予此过程自由和恩典的意义,使其基督教化了。"(第35页)——全集版编注

3. 卡夫坦的原话是:"特洛尔奇站在反超自然主义的立场上。这是他的法庭。"(第85页)——德文版编注

4. 参见卡夫坦书第44页和第70页。约翰内斯·托马对特洛尔奇的指责同样在这个地方。参见 Johannes Thomä, *Die Absolutheit des Christentums*, 1907, 第65页。——全集版编注

5. 卡夫坦使用了一些同历史学克服超自然主义相关的表述,他认为这乃是"从世界确立的精神生命"的结果,是"一种世俗的科学,其内在的法则和必然性源于我们迄今严重忽视了的回归自然之举"。参见 Theodor Kaftan, *Ernst Troeltsch*, 1912, 第53页。——德文版编注

6. 在卡夫坦看来,神学"既清醒又慎重,它如同最精确的科学那般面对现实"(第81页)。神学"努力有条不紊地研究,就像其他任何一门精神科学那般,但就其根本而言,神学并非通常意义上的一门科学,因为它的研究对象是上帝,而通常的科学的研究对象是世界;上帝不是科学的研究对

212 　　这是一个普遍的问题,不仅涉及宗教,而且关系到所有源于高贵精神生命的价值类型(Werttypen),关系到日常生活里的最简单的价值判断。在天真的人看来,每个最简单的知觉判断、每个最自然的意志冲动、每个流传下来的规则和习俗都是绝对的。
213 高贵的精神生命有多种多样的表现形态,在国家、法律和社会,在艺术、道德和科学的领域里都有所体现,所有天真者都会觉得,这些形态的天然成长、它们的起源以及日常准则都是绝对的。任何
214 宗教从一开始都会很自然地尊崇自己,自认为是绝对者;而且每个普世宗教都会在自己的信仰范围里做同样的事情;总而言之,信赖绝对性乃是天真思维的一个普遍特征。

　　然而同样普遍的是限制或破坏天真信念的过程。当信仰者开始在诸宗教之间作比较,开始有意识地校正其原初的、天真的想法时,他就破坏了绝对性信念,开启了思考的进程;同最初的、天真的绝对性信念分离乃文化的本质,这将不可避免地导致种种战争甚至掩饰行径,只要他感觉到这一分离即会令一部分天真的活力丧失。

　　为了校正自发产生的意见、给予它们明确的思维方向,人寻求把握恒定的联系;为了正确地理解特殊的事物、将它们纳入关联之中,人寻找着一个普遍的标准。从修正最粗糙、最简单的感官印象开始,一条不间断的思维之链渐渐形成,它从事着分解、比

象"。——全集版编注

　　7. 特洛尔奇在这里指亚历山大里亚学派,尤其是奥利金和克莱门特。可参见 Adolf Harnack, *Lehrbuch der Dogmengeschichte*, Band 1, 1886, 第 501—556 页;关于新柏拉图主义,参见第 663—681 页。——全集版编注

较、重组和结合的活动,直到最后要么清晰、要么混沌地重新思考了现实世界的全体,在其中,特殊事物不具有绝对性,唯有最普遍的秩序原则才有绝对性。

上述原理同样完全适用于诸精神价值和宗教的情形。任何无结果的期待,每次由宗教观点形成的事物印象同其他事物印象之间的差异,所有思想间的对立和矛盾,尤其不同宗教类型间的冲突,将促使人去做比较和校正的行动,随之改变了原初的天真状态,他就这样无止息地做着这件事,直到把所有不同的类型并置到一起,让彼此的矛盾和对立充分展露,以便在关联中发现一个最终的原则,将所有观点和判断融为一体。

于是,天真的世界图景正向科学的世界图景转换。科学在越来越宽广的范围里,通过比较和综合,将直接的知觉和评价转化为研究问题。科学在愈发紧迫的求知压力下,寻求着普遍的和必然的事物,为此,它努力地从变幻不定的事实里重新确立抽象的观念;或者说,为了巩固更可靠、更好的和更真的思想,它致力于清除或贬抑那些变化着的事物。天真的世界图景向科学的世界图景的转变,使地球围绕着太阳旋转,太阳围绕着我们看不见的星系旋转;它使我们的认识不再简单地遵循事物本身,毋宁遵循我们意识的法则和压力;它使客观的文化价值变成充满矛盾却又意蕴丰富的人类的创造物;它还迫使天真的宗教的自我确信去重视科学的理由和论据,说到底,宗教在心理学里被视作高度有限的主体现象,在历史学里则被看成一个无限的个体宗教领域,无论是谁,提出的要求都大致相似。

因此我们面对的无非是这样一个普遍问题:将科学的世界图景运用于宗教时,它同天真的世界图景之间的关系是怎样的呢?

科学介入宗教而导致的痛苦、怀疑、忧虑和不确定感,实质上无非是心灵的冲突,当科学的世界图景侵入那些仍习惯于天真的思维方式和道德评价标准的人心中,他们必然会有这样的感受;至于如何解决这个问题,除了尝试让科学平息个体心灵的震动,重建他们的认识世界的总体,别无他法。科学思维在宗教领域发挥的作用,和在其他领域一样,都具有深刻的颠覆效力。故而许多神学家一直在寻求的技艺,如化圆为方,或清洗动物毛皮却不弄湿它,无论在此还是在别处,都是无法掌握的。但凡天真的思维转向科学的思维,必然会招致心灵的扰乱和痛苦,这乃是不可避免的结果。

然而另一方面,经科学思维证实了的东西也适用于宗教:它改变了人的天然观念,但并未否定天然观念所指向的客观现实;它不过赋予人一种新的同现实关联的意识,还有一套新的指涉现实的概念框架。如今,我们已经不再孤立地信仰绝对性,而是从个体所处的整体出发理解绝对性。即便最激进的怀疑主义者,在宣称怀疑的必要性同时,仍保留了天真思维的残余,因此最激进的反宗教人士尝试解释宗教现象时,亦保存了天然的宗教思维的残余。不过,在天真的世界图景的转换过程中,为了避免过度,我们应当重新确立适宜的科学目标,它仅仅意味着立足于一个更高的水平线,尽可能从全面性的关联视角看待天然的现实世界。

所有激进主义的思想形态之所以能成立,就在于它们认识到:首先,当我们发现天真的思维和科学的思维之间的差异,就可能会误以为通过思想把握的真实世界完全对立于由意见呈现的虚假世界;接着,我们将从现实世界的一个部分里抽象出普遍的概念,进而反过来,通过抽象的程序,用它来解释现实世界的全体。所有成熟的思想之所以被称为智慧,就在于认识到:现实的天然基础不应该被否定掉,毋宁说,我们要从更高的思想整体来关照它;而且天然的现实的不同秩序和领域保持着自己的样子,即便人们想在思想的高度上把握它们,但它们并不同人类的思想一致。这便是人们所谓的认识理论的基本原则。

如果事实如此,那么这恰恰说明,科学的转型不光带来了痛苦、忧虑和断裂,还在另一方面带来了一种振奋人心的解放效果。它摆脱了天真的世界图景的狭隘、封闭和偏执的特征,克服了其晦暗、模糊和片面的品质,将自己提升至宽广而安宁的视野、伟大而温和的思想、宽容而忍耐的性格、明确而坚韧的信念。温和的明确观念取代了激进的狂热主义,在狂热主义者看来,否定唯一有效的事物就意味着一切都迅速动摇和坠落,相反,抱持确定观念的人坚信,真正的、实在的现实力量将在更广阔的领域里发挥作用,只有那些偶然的、被人为地置于眼前的事物①才会消散于一个明确的界限之内,或者说被人用一个确定的尺度来衡量。

科学的转型同样会对宗教产生影响。尽管它带给人怀疑、忧虑、斗争以及痛苦感,但也能让人变得更好,因为它鼓励人们平和地、审慎地研究那些本质性的事物,宽容而有耐心地对待一切个别的和暂时的现象,扩展自己的视野,深入生活和思想的根基。当然,宗教在其中占据着一个特殊的位置,它是评价所有高级精神生活的立足点和基础,故而相较其他领域,宗教方面的转变给人带来的不可避免的精神震动,要痛苦得多、不安得多。但反过来看,经过科学研究,我们所回归的天真状态被提升到一个更高

---

① 指人造的事物或概念。——译注

的层次上，让我们的全体生活被祝福萦绕、充满意义。人通常会控制不住地形成一些意见，滋生出固执和好斗的倾向，它们在宗教领域里演变成可怕的暴乱或丑恶的卑鄙行径，通过科学转变的宗教则能使人摆脱这样的状况，它追求的是让天真的信念再度赢得纯粹的力量，其中唯有伟大和高贵的品质。

显然，在所有高度发达的文明体里，有能力形成天真的、绝对的判断的创造性意志（Schaffenswille）已经毁灭了，思想苍白得令人作呕，但人类的生活日益丰富、精细且合理。伟大的教会组织要建立起来，尤其需要那些毫无顾忌的狂热信众，他们只相信这唯一的救赎渠道；而且他们在强力的驱使下，坚信自己有义务执行教会的谕令。不过教会组织一旦建立起来，便能容纳温和的、自由的、合理的精神，它能作出相对的价值评价，因而养成了温柔与善意的性情，相反，不留一丝情面的固执倾向则毫无良善可言。

因此本书的结尾部分应当考虑天真的世界图景同科学的世界图景之间的区别，它到底对宗教意味着什么？而且我们特别关注的是，科学的综合与比较方面的功能如何处理宗教的绝对性要求？①

---

① 至于科学的另一个方面的功能，即比较性的对照（vergleichende Konfrontierung）发展出了宗教心理学和认识理论，进而发展出了普通心理学和认识理论，在此不成为问题。对此，我提醒读者注意我的《宗教的独立性》一文。当然，我也很想用一种新的形式，借批评者的一些讲法来论述我的观点。我在这里也没有论述科学的第三个方面的功能，即由现代宇宙论、生物学、心理学和伦理学建立的宗教思想同事物图像之间的联系。关于这方面的要点，我请读者留意我的《科学的境况》[1]一书第 49—56 页，然而我要承认，这本书只作了些简单的、纲要式的论述，它的价值有待进一步的研究来验证。这方面

让我们看看"绝对性"这个词的最简单、最朴素的含义,就此而言,我们不认为它在自身中已包含其反题的对立面以及克服反题的手段,①那么绝对性即意味着所有天真生命(Naive Leben)的共同特征。任何即时的知觉皆是绝对的;对某一价值的评价,无论高还是低,在它产生的那一刻就是绝对的,换言之,它是无条件和无限有效的,它纯粹自己决定了自己。自我欺骗、矛盾的经验、不同意见和评价的相互冲突,只会逐步地动摇绝对性。无论是谁,其自然的倾向、欲望和习惯都会使他一开始感到自己是绝对的;也就是说,他觉得自己是其他一切事物的准则和标准,而只有通过教育、交往、战争、伦理性的自我规制和逐渐扩展的经验才能限制这种原初的绝对性。类似地,无论哪种社会群体,其传统、伦理、生活关系以及交往形式都使之从一开始即自视为绝对的;也就是说,既没有别的情形,也不可能有别的情形,只有当他们因困境结成各种关系、渐渐地熟识外部环境、明确历史发展的方向,才能超越天然的自我认识。即使存在着种种限制,却仍然有一种基本的情感或者说天然的前提,即人类灵魂生命间的相似以及他们的团结,保证了人类能重建和谐的状态。这一前提乃是一种自明

的讨论实际上相当多。对宗教持积极态度的整个现代哲学就都在尝试完成它。读者可以参考我提到过的奥伊肯的著作,还有布特鲁[2]的《科学与宗教》(*Science et religion*),巴黎,1908(1910 年的德文译本)。

1. 指《科学的境况及其对神学的要求》(*Wissenschaftliche Lage und ihre Anforderungen an die Theologie*),弗莱堡,1900。——译注

2. 爱弥尔·布特鲁(Émile Boutroux, 1845—1921),法国唯心论哲学家,宗教的维护者,致力于调和宗教与现代科学。——译注

① 这里讽刺的是黑格尔。——译注

的基本思想,虽说以比较和关联为取向的科学思维在发展,然而最终仍要立足于它,并从它之中赢得新的发展方向。

可以说一切理想的精神内容更是如此。它们的出现,不仅带着自明的现实性,而且带着必然的有效性。每一种艺术和国家形态、每一种等级秩序、每一种道德尤其是宗教,在其初始时期,都完全坚定地信赖自身的必然性和独一无二的权利,这样的信念无须靠证据来证明。生活于其中的人类掌握了必然的、应当存在的事物,具有更高贵的生命,他们生活的同时,便在实现生活必然的、客观的价值。任何宗教都不起源于科学和反思,不带着希波克拉底的怀疑特质,以及只有纯粹可能性的事物那般的无力感。相反,所有生机勃勃的、真正的宗教无须护教学和相应的证据,它们从最本己的内在必然性产生,直接受到神的约束、聆听神的声音,单纯靠自身的完满力量开辟出了一个更高的生命世界。一切宗教之所以自诞生起就是绝对的,是因为它们未经反思地听从神的命令,而且道出了一个真实的情形,即它们要求信众的承认和信仰,不光因为它们现实地存在,而且更多地因为它们普遍有效。每个怀着真正的天真信仰的信徒,同该宗教诞生时的信徒一样,对其产生和发展都无比虔诚地信赖。因此对他而言,宗教的绝对性是自明的,因为他正同一个自我决定的现实打交道,因为他在现实里感到了通往绝对必然的、充满价值的领域的道路。只要他不考虑其他可能的信仰形式的话,他就遵循着事物的必然性和唯一实在的真理生活。

那么这种天真的绝对性是一个错觉和幻想吗?随着人类视野的扩大,不同的文化价值以及具有相似要求的宗教之间针锋相对,而且过去的伦理和宗教评价标准遭遇了当下意识的动荡,一方面，人对自然的观念不再同理想的价值有什么关联，另一方面，理想面对平均人（Durchschnittsmenschlichkeit）时不堪一击，天真的绝对性必然逐渐丧失。

相较由天真的知觉和欲望产生的天然的绝对性意识，宗教的天真绝对性意识并不更具荒谬性。就像定义视觉的一切前提以及可能性的理论并不会让视觉变成眼盲，对绝对性要求的诸条件的考虑和比较，并不会使关于绝对价值、秩序以及现实根据的宗教信仰变为相反的东西，即过度自私的傲慢态度或者天真固执的短视虚荣。

在宗教的天真绝对性意识里，存在着一种实在的强制力，由既定的对象作用于人的灵魂；除此之外，它是人心里的一种根深蒂固的感觉，追求过上必然的、普适的、更高贵的生活；正像在其中，人感受到从外部事物而来的强制力，自然地确信人类的知觉活动是类似的且一致的。故而宗教的天真绝对性意识并非简单的幻觉，仅仅是因为人的视野向着新的内容和变化了的意义扩展了，这种幻觉感才出现了。比较只能呈现各个宗教的绝对性要求的独特类型和条件；然而任何像这样的要求都表达了从一个客观精神世界而来的强制力，其应然价值可能在人类历史里实现，因此也能通过个体化的、独一无二的方式实现。这种确信是同外部对象本身相伴的参数（Exponent）；也就是说，对象本身越能展现其全部力量、越能被个体感受到，人的确信程度就越高。确信只会因对象本身消失而消失，反过来，当对象同世俗里的种种因有限性而来的困境发生冲突的时候，它的威力便在翻倍地增强。而正是面对冲突，人的激情洋溢的生命意志才会从一切纷繁杂乱的处境里摆脱出来，欣然地单纯歌颂强大的生命内容，以便用绝对者的力量再度增强自身。

正像原初各个时代里的人受天真的绝对性情感主导,所有宗教方面的对怀疑主义和无神论的抗辩,因此首先都在于提振植根在人心深处的情感,激发它们昂扬地面向绝对者。宗教及其一切新生力量的源泉就在这里,由于天然的绝对性意识从诞生起就完全是天真的,故而它随后理应受到一些限制,即便如此,在它之中仍然保留着真理的要素,正如自然的、天真的知觉会保留真理的要素那般。原始的、天真的绝对性意识的实事内容越重要,它在相对化过程中就越坚持自己,越容易让厌倦了相对事物的意志返回绝对性意识。①

但如果对宗教的天真的绝对性意识,只不过是在宗教里感受到的实在事物和珍贵事物的天然参数,那么由于每个宗教展现更高世界的程度和方式有别,诸宗教里的天真的绝对性意识表达自身的方式和方法也是不同的。同样,因为天真的绝对性意识仅仅意味着人对他所感知的实在事物的天然反映,所以随着他每次感知不同,他的天真的绝对性意识也是有差别的。而且如果天真的绝对性意识每次表达自己时的清晰程度和深刻程度不同,那么相应地,每次的天真的绝对性意识也是不同的。

或者,假如一场宗教运动已经平息了,我们发现天然的绝对

---

① 对此,伯努斯在其《论宗教的危机》的第一卷《基督教的日耳曼化》(*Zur Germanisierung des Christentums*)和第四卷《论新神话》(*Vom neuen Mythos*)里提出了一个有意思的例子。他讨论的主题和我的论题密切相关,而且他提供了大量关于宗教情感转变的可靠信息。我无法苟同他的实用的"反智主义"观点,以及他从生命意志推导一切宗教思想的做法,因为他这么做,毋宁是要从人类主体得出宗教思想,因而最终把上帝思想消解掉了。

性意识已被关于唯一真理(Alleinwahrheit)的理论和证据取代,那么应当说,我们在此已经感受不到什么绝对性意识的内在必然性,取而代之的是要去寻求一种人为创造出来的有力的替代物,总之,我们不再能体会到促使我们把握绝对性的内在紧迫感。因此无论从形式还是内容上说,绝对性的要求间截然不同,唯独从外部来看,它们似乎完全相同。事实上,这些差异暴露得特别明白,而且它们表明,当某些人认为对绝对性的要求只存在于文化和教育皆贫乏的时代以及民族那里,这种看法只是极端无知的罢了。

从小范围的、行泛鬼神崇拜的氏族宗教和部落宗教,直到大范围的、信仰多神教的古代文化民族,天真的绝对性意识自始至终都是一种有限的、有条件的意识,它反映了支配各个氏族、宗族甚至民族的神灵的本质。神灵的活动正像其存在那般,依存于人类的鲜血和土地、故乡的田园以及神圣的寺院空间。这种绝对性意识仅仅对其控制范围内的民族和血族同胞、居民共同体有效。在此之外便是其他神灵的势力范围了,它们在其控制领域里具有同样的绝对性。但是未知而伟大的天命(Himmelsschicksal)凌驾于一切之上,它超乎所有地区,整个世界和自然不过是它行变化与创造之事的质料以及田地。只有在伟大的、伦理性的和神秘的普世宗教里,我们才能发现对于一种无限的绝对性的要求,这些普世宗教宣扬世界的创造者和主宰者,或者构建了一切的秩序和命运序列,又或者一个保护和维持所有事物的根据,不仅如此,它们将宇宙的秩序同关于人类灵魂和精神法则的普遍要求结合到了一起。因此普世宗教的起源,并不能被追溯到神像、神谕、古旧传统以及教士知识这些东西,而是要被归结为由真理力量攥住的心灵,它彰显出生机勃勃的自我信念。普世宗教是先知宗教,它们视其创始者为绝对的权威,而不论最终想让多少人信仰自己的唯一真理。但是诸宗教的差异不会就此止息,只会变得越来越精细、越来越深刻。

在不同地区兴起的迷狂的神秘主义和神学的泛神论,突破了此前对宗教而言唯一的且必然的要求,即神性的统一和人性的一致。这一突破的结果,表现在它们摧毁了民族宗教的天真的绝对性意识,并且对民族宗教的结构、人神同形同性论以及各式各样的神话展开了局部性的批判。不过审视一下它们最终的、绝对的根据,我们就会发现它不过是"神圣的一"这一理念的种种模糊的、变换着的面向,人只要思考、冥想,或者偶尔地禁欲苦行,就会得到它。绝对性在此并不取决于一种不断向前推进的神性意志,而是同人的思想和行动息息相关,无论在何处,人总归要思考、要行动。这样一来,原本开明的思想家和灵魂引导者的重要性以及权威就消退了。绝对性的根据存在于人类的心灵里,只要是能认识宗教的人,就一定会就宗教的知识达成一致。然而在这里,绝对性意识也同人类活动的种种偶然情形有关;也就是说,绝对性意识也取决于人能否掌握深刻的神学思维、是否受到了完善的神学训练,还有在多大程度上坠入狂迷状态。

但凡这种宗教运动兴起之处,伟大的宗教共同体会产生出来,强大的人格亦将出现,然而即便如此,我们仍能从他们身上清楚地感到绝对性的特征。婆罗门教总归是神学院中人和祭司等级的宗教。东方宗教的泛神论起源于祭司们的智慧。佛教是由僧侣组成的教团,其中,开悟者总能持续地领悟到佛陀的智慧,而佛教的存在又建立在大量未开悟者提供供奉的基础上,只要它不至于退化为多神教,或者演变为一种半神论的救赎宗教。希腊化时代接近尾声时出现的诸伟大宗教的融合形态,乃是植根于迷狂的反思的产物和神秘的学说。新柏拉图主义者并不将自己交托给远离世界而又不可预知的神性的意志和力量,而是交给了自己所思考的必然的、普遍有效的事物,思想引领着他们攀登神性的阶梯,直到达至最终的迷狂状态,实现他们的希望。

在这里,天真的绝对性意识仅仅基于晦暗不明的宗教情感,此外的所有事物则皆为人类意志和技艺的产物。这一平静的、单纯存在着的根基无非是自然的宗教意识的最终基础,但从它之中产生不了能塑造并把握整个世界、能向着一个统一的目标发挥作用的力量。反之,如果要实现这一点,只有当神性作为伦理的意志,同自然对立,同时从自己的内在本性出发,为人类设定一个伦理的目标,让人类统一地为之奋斗才行。由此一来,便产生出了一种同伦理的必然性相关的天真的绝对性意识,还有同神性启示的普遍关联,它一次性地向所有人宣布了先知心底的目标。然而在这里,仍然存在着些许显著的差别。

毫无疑问,琐罗亚斯德的先知预言意味着朝伦理普世主义(ethische Universalismus)方向的一次强有力的宗教突破,它的基本思想乃是善与恶之间的斗争,还有终结这一斗争的末世论希望,很难说它没有对福音书(Evangelium)里关键思想的初步发展起到过什么影响。但正如它的神性并没有将低级神祇消解到统一的伦理意志之中,而必须同恶的原则共享世界;正如它的伦理学混合了纯粹的伦理命令和物质化的崇拜与仪式、混合了普遍的法权命令和地方性习俗,因而普遍有效的、孕育并统摄着全体的善的原则无法贯彻到底。相反,唯有从一开始就没有屈从于恶的精神之人,才会遵循法律和救赎的谕令行事,在这些人当中,波斯人无疑是被拣选出的陪伴并帮助善良上帝的民族,这就解释了为何他们的一切观念都紧密联系着波斯群山和草原的情景,为何他们的宗教事实上仍然是一个民族宗教。

更进一步地朝伦理普世主义方向突破的宗教,要算是以色列的先知宗教了。它使任意做着拣选和摧毁之事的耶和华(Jahwe)同处于近东地区混乱局势里的犹太民族分离开来,进而将耶和华提升到凌驾全体世界进程和异教诸神的高度,将耶和华的意志定义为伦理意志,同时,它创造出个体的虔诚感,因此从个体的内在生命来看,他们的灵魂既独立于世界,又同世界相抗。但到了最后,这位随意地缔结联盟关系、随意地向他曾拣选的民族宣示敌意的耶和华,被那个同他缔约的民族里的经过更新的幸存者束缚住了,故而以色列宗教并未让人的灵魂从血缘团体和崇拜团体的限制里彻底摆脱出来,并未让神性本质充当伦理普世主义的牢固根基,更有甚者,它越强调犹太教达到的外在辉煌,反倒越遏制了伦理普世主义的发展趋势。于是以色列先知们的伟大的伦理福音沦为仪式和特殊律法,极大地阻碍了在人心深处发挥普遍效力的原则。

同上述宗教显著有别的是耶稣的布道。它昭示出纯内在的绝对性,还有宗教生活的纯粹内向性和人道性质。在这里,由耶稣所提的要求和承诺的普遍效力,同这位主人(Meister)的人格特征紧密相关,他只宣扬上帝的神圣且仁慈的意志,因为他在自己的灵魂里体验到了上帝意志的无限效力,但与此同时,他的布道仅对内心世界有效,仅在内心世界发挥必然的作用,正如约拿(Jonas)此前做过的布道那般[①]!这样的绝对性和普遍效力是多么单

[①] 参见《旧约·约拿书》第三章。——全集版编注

纯、多么天真啊，它们仅仅是从实事本身（Sache selbst）的泉眼里涌流出的东西，它们乃是上帝伦理意志的本质，意味着毫无偏见地承认为古人所知的一切真理，从原初时代开始，真理就存在着，任何一位单纯的撒马利亚人和税吏都能在自己的内心里发现它！除了反对人类因自负和狭隘误解并滥用上帝意志，耶稣布道别无其他论辩对象；除了确信自己的天职、赞同正义的言行，它不需要提供别的行动依据；它呼吁的良知，不依附于假象和世界，不依附于其他的学说和神学家的注解。耶稣只是从实事本身出发，道出了人类唯一需要的东西，换言之，人子极其紧迫地感到要向许多仆人和奴隶讲述他们唯一需要的东西。的确，耶稣的布道充满了犹太色彩，且传播于通俗的犹太概念世界，然而他所说的一切都有赖于上帝，因为正是上帝满足了他的承诺，并将带来由真正的生命组成的更高世界；此外，他说的一切也有赖于自己的灵魂，因为灵魂比世间所有的荣誉和快乐更有价值，而且它在上帝之国这一更高世界里发现了真正永恒持存的宝藏。

在此，我们看到了宗教的全然个体化和人性化的形态，这就是耶稣自己的信仰和体验以及他对灵魂提出的要求；同时，我们还看到了更高的、永恒的、必然的世界同尘世的、倏忽即逝的世界之间的截然分离。绝对性就存在于这两种情形里，直到基督教团契建成后，它才变成明确的教条，反倒在耶稣这儿，它是包含于实事本身之内的。不论弥赛亚主义（Messianismus）在耶稣的布道里扮演怎样的角色，耶稣的人格总体上都退到了实事本身或者说上帝之国的背后。

在耶稣的布道里，上帝之国即绝对者，它通过呼吁灵魂最纯粹、最深处的诉求，表明了这一点；同样地，它确信圣父即刻就会带来奇迹,圣父为世界立下的目标马上就会实现。因而很明显,并不存在着什么更高的圣父启示,毋宁说,耶稣的布道迫使所有人在伟大的世界斗争里作出决断。

这不过确认了我们先前得出的结论①。正像基督教将人格宗教的思想及其救赎力量提升至最清晰、最强有力的境地,其天真的、自然的绝对性乃是实事的最彻底和最纯粹的表现。如果说基督教展现了我们所知的绝对性思想中最内向、最单纯的形式,那么它不过反映出基督教同其他伟大的宗教形态间的真实关系。这些不同样式的天真的绝对性思想,根本不是关于唯一确固与正当的真理的诸理论,而是发源于宗教思想本身的各支流。一旦没有进一步发展出任何护教学思想,那么天真的绝对性意识就视自己为最终的真理。然而这并不意味着诸绝对性意识的相互抵消,它们间的冲突和矛盾反倒指明了它们共同所有的普遍原则,即一个由最终的、绝对的价值组成的世界,它们中的任何一个都不可能完整地创造这个世界,而只是朝着这个方向努力去做。它们从各自孤立的自我理解出发,必定认为自己的做法才是唯一的、终极的方案。这就解释了为何粗糙的、表面化的比较,只能从它们的矛盾中看到纯粹的对立关系。只要科学思维深入其中,发现了表面现象之后的关联点(Beziehungspunkt),认识到它们乃是发源于一个共同原则的支流,那么它便赋予所有绝对性意识其相对的权利,而仅仅剥夺了它们关于终极效力和绝对唯一性的天真信念。

从共同原则出发,我们可以整理这些绝对性要求,给他们分类,甚至最后能划定它们的等级。最高宗教有其最自由的、最内

---

① 见本章开头的段落。——译注

在的绝对性要求,因此只要没有迹象显示,有比它还高等的宗教生活存在,这样的绝对性要求就会一直保留下来。没错,基督教越表明自己是一切宗教倾向的会通点,越表明自己将宗教的目标提升到了一个根本上的新高度,它的体现在历史以及个体形态里的绝对性要求就必然越是持久的、不可被超越的。科学的思考则会通过除去这些天真的界限来否定天真的绝对性要求,它将它们的所谓独一无二的性质纳入一个更广泛的关联里,视之为关联里的各个特殊类型,因而我们最初感到的各种独立性要求之间的对立,并不意味着它们相互排斥,毋宁是一个发展进程里的各阶段间的对立而已。因此科学的思考并不会认为基督教的第一个个体的、历史的形式①是最终有效的形式,该形式只不过是未来新的历史个体形式发展的起点;此外,科学的思考本身意味着,当科学的思维习惯被普遍贯彻,我们就需要去考察这些单纯的绝对性要求的特征,同时还要认识到,它们实际上只反映了客观现实的力量。

无论怎样,科学表明,我们真实而天真地感受到的绝对性绝非一个历史的现象或启示。毋宁说,绝对性只意味着上帝本身以其不可测度的、令人无比惊叹的丰韵生命,不断给予人的小小信仰新的启示;换言之,上帝本身以其凌驾于历史之上的无限性和彼岸性,一直给予人类精神新的目标。但凡上帝和精神生活的目标强有力地、活生生地现身于人的灵魂面前,人的体验、表达和观念就会非常天真自然地接受上帝的绝对性意识。不论伟大而崇高的宗教团体,还是混乱且狭隘的宗教团体,无不如此。它们感到自己是绝对的,而且只要它们的天真的自我信仰未消失,就会

---

① 指耶稣。——译注

继续如此看待自己。要是历史学消解了这一天真的信念,那么它就会追溯一个更广大的精神发展的关联体,用来包容所有的宗教形式,进而建立一个适当的标准,以此赋予每个天真的要求各自的权利。这样一来,所谓在历史里产生的诸宗教的天真绝对性,无非指启示的担当者(Offenbarungsträger)同在他们心中说话的上帝之间的深刻的、内在的联系,而且就绝对性的天真要求而言,其权利是根据发源于信仰的救赎力量和解放力量的大小来衡量的。耶稣的天真的绝对性,不过指他信仰天上的圣父交给他的使命,同时他确信圣父的意志乃是唯一的伦理真理,圣父的应许乃是唯一的救赎之道。耶稣所提的要求之所以正当,是因为它源自最强大、最纯粹的宗教观念,而且极深沉朴素地流入信仰者的心田。不过就像所有天真的经验那样,人类生命同确信上帝存在这二者结合而成的事实,是组成现实的最终的、不可分割的要素,是一个秘密,类似于所有现实事物背后的隐秘。

既然福音的要求那么纯粹、那么有力,表达了最单纯、最强大的宗教力量,难道它不正满足信仰了吗?假如我们的全部宗教情感没有受到教会神学和护教学的深刻影响,那么这个问题非常容易回答。在最古老的基督教团契的信仰和神学里,后来教会神学和护教学的根基已经存在了。为什么有了教会神学和护教学,这个问题变得不容易回答了呢?因为对于基督教团契和教会来说,这种天真的绝对性无论如何是不够的,而且《新约》已经满含强烈的要求,要用护教学的思想夯实基督徒原本天真的确信。没错,正是这一点使得耶稣的布道本身同它在原始基督教信仰里的反映完全区分开来。出于伟大而自由的天真,耶稣从实事和上帝之国里感到了绝对性,而那些尊崇他,视他为弥赛亚、赎罪的牺牲者和天上的首领的人们聚集成团契,将绝对性转移到这位弥赛亚和主的人格身上。由此一来,耶稣人格就被绝对化了,基督徒必须用各式各样的经文证据甚至诺斯替的沉思,来证明耶稣的救赎人格的意义。

我们在这里并不是要质疑由绝对性原则而来的怀疑和理论,也不是说基督教团契之初就发展出了一门真正的神学。毋宁要强调许多动机和条件在此会聚:基督教团契同主之间天然的疏远关系,导致了最大限度地抬高以及孤立他们的主;自然的、童稚般的教条主义倾向于消解各种关联的孤立的思维方式;深信不疑地崇拜追求无限、力图提升眼前的一切事物;基督教团契渴望给自己一个坚实不破的基础;他们靠耶稣崇拜、靠洗礼和圣餐发展成为一个新宗教;最后,他们很快地同犹太教还有那些混合的宗教展开对抗。即便在原始的基督教时代,这些都促使信徒为耶稣的天真要求提供理论的基础,因为没有这个基础的话,正在发展着的团契就无法为自己创造一个持久的中心。

原始团契的弥赛亚信仰和保罗的基督神秘主义本身仍然是教义思想的开端,是教会的教义和护教学的萌芽。诚然,教会的教义和护教学理论唯有待历史上升到有教养的文学时代,并同科学和哲学性的宗教思想对峙,才会发展完善,体现为三位一体学说和原罪学说这两个最终的思想形态。这样一来,奇迹便从天真的、自明的东西提升为神学理论。

于是从天真的绝对性里产生了一种人为的、护教学的绝对性;对上帝应许和要求的确信,让位给一种关于基督教之独一无二性的神学理论,它建立在完全独特的机构和必然性思想的基础上。它并非因为谬误或自己的任意而为才生成的,相反,由于环境的压力,它以犹太神学为榜样,加之思考改革时期的诸混合宗教,最终塑造了自身。说到底,它完全不具有历史和批判性的特征,因为当时整个时代都缺乏历史和批判性思维,而这种思维算得上是对护教学的唯一真正的障碍。护教学在近两千年的历史里都深深地同人类的宗教情感相交缠,它本身似乎就需要人为的绝对性意识,因为基督教通过表明它的起源是一场特殊的奇迹,它有特殊的神奇力量保证人类对它的信仰,并且唯有它能给予人永恒的救赎,从而证明了它对立于一切其他的历史现象。

然而到了现代世界,由护教学得出的学说内容极粗暴地、无可救药地同我们关于现实事物的认识相背离,更有甚者,护教学的基本思想尤其强烈地受到了现代历史思维的侵蚀。于是,不论护教学因纯粹情感的宣称所得出的悖论,还是自由精神否定宗教的一切真理要求,抑或任何一种思辨性的折中路线,都不可能解决这个问题。唯一的答案只在于彻底地贯彻历史学的思路,它指明了天真的绝对性同人为的绝对性之别,而且只要它认识到人为的绝对性是历史学相对合理的产物,那么它就使宗教信仰本身摆脱了对于人为绝对性的内在依赖。

人为的护教学介于天真的、自然的绝对性和停在四分之一或半途中的比较和关系性思维之间,而不管这种思维针对的是基于幻想、图像以及传奇故事的民众宗教,还是朝着概念和普遍性思想发展的更高贵的宗教,它都依附于孤立的出发点。换言之,它完全从自己的立场出发,相信客观现实的自然的、天真的绝对性始终同各个历史时刻的情形交织发展。它绝不会分离两者,因为在它看来,一开始燃烧起的激情领会不了事物的绝对性,唯独后来渐渐发展出的冷静的思维才做到这件事。如此一来,信徒就无法理解耶稣布道里的渊博、伟大和自由的精神了,因为耶稣完全从自己的灵魂汲取布道内容,而非诉诸门徒们的体验和献身热情。宗教思想的伟大和力量紧密关联着主的言辞和形象,并将后者以及同后者相关的诸直接的、无意识的想法转化为无条件的权威。信徒的热情、爱,连同他们天然的上升需要,使得他们让主的权威摆脱了一切普通人性的特征。如果遭遇攻击、怀疑、疑虑、异见甚或强有力的观点,基督教是不会屈服的,反倒因主的权威变得更稳固,信徒们发自内心地感到了信仰的迫切性和献身的热情。

因此护教学首先要做的,是给主的权威一个位置,使它从原则上摆脱任何被攻击、怀疑、补充和修正的可能。于是首要的且最重要的基本思想就成型了,即神性启示的思想。从它看来,神性启示不光本身是神圣的,而且它根本上杜绝了一切人为攻击和人为补充的可能。正因如此,护教学拒绝赋予任何外来的、同自己对立的立场相对的权利,这些立场必定通通来自恶魔和鬼神,或者源于人的恶毒和愚蠢。说到底,唯有自己的立场是要肯定的,其他的立场通通要否定,进而护教学针对两者的关系提出了一种决定性的基本思想,即超自然的绝对性思想。

基督教的立场很可能受到哲学思辨以及哲学体系威胁,受到各种伦理力量和文化发展的必然情势逼迫,更有甚者,这些威胁因素或许同基督教有内在关联,或许它们的真理压根就否定不了,那么这里就不存在基督教对其他立场的相对认同的关系。毋宁说,基督教将那些同自己亲和、能同化的内容直接吸纳过来,使之隶属于自己的真理,或者将它们定义成从自己发源而来或由上帝指引终将归于它的东西,相反,一切拒绝被同化的事物都被当成鬼神的欺骗和人类的幻觉,要被清除掉。于是乎,柏拉图成了摩西的剽窃者，古代仪式和传说里同基督教有类似之处的成分被说成魔鬼的愚弄术，以此诱惑基督徒犯错。如果说基督教强有力地揭示了罪的深刻意涵，那么罪就变成人类命运里的永恒诅咒，它消解掉了基督教以外的所有善的意义和关于神的知识。同基督教强烈背道而驰的唯心主义伦理和宗教改革运动则被视作基督教原始启示的遗存，教会从一开始就道出了它的实在的理性内容。

这样一来，第二种伟大而基本的关系形态就被确定下来了，即理性的绝对性。在它看来，一切基督教之外和之前的真理，无非基督教原始启示的剩余物；或者说，它们都是在基督身上道成肉身的准备工作，因此它们是统一的和持存的真理，尽管同时亦是有限的真理，基督教单纯地宣布它们是其肉中肉，是和它们一致的东西。

如果说第一种思想①是经未受文化教养的团契劳作、斗争所得，因而不免落入社会底层的阴影，那么第二种思想②的发展就伴随着基督教渗透进有文化、有教养的阶层，伴随着通用于世界文化、致力于解决世界问题的护教学文本的产生进程。这样一来，用概念的方式处理神学问题的道路就被打通了。

教义学以及真正的教义学思想由此产生，它们的思考出发点排除掉了任何不可控、不可分析的因素，反倒融合了所有可以去思考的想法和真理。这个确立出发点的过程是无意识的，然而面对反例，它要么直接地拒之，要么单纯地同化之，从而据为己有。由此出发，它们随后构建了一个普遍的整体观点，明确了经奇迹

---

① 指超自然的绝对性思想。——译注
② 指理性的绝对性思想。——译注

保证的特殊启示必定对立于一切通常的人类事物,进而它们发展出一套保障体系,让所有处于启示范围内的既定事物和有效事物同所有凡俗事物隔离开来。以通常事件作为研究对象的全体历史学便付诸虚弱而易错的人类力量,同它完全对立的是关心神圣的奇迹和启示领域的超历史学(Ueberhistorie),还有神圣的真理法典以及教会机构。教义学把基督教之外的伦理和宗教力量通通归为纯粹自然的业绩,因而它们乃人类原罪和恶习的产物。护卫着绝对真理的是教会机构和教会法、圣礼实务,因此还有教会恩典和真理的担当者和保证人,以及由圣书、教义、自白、仪式和道德律条组成的堤坝,于是无论从理论还是实践的方方面面来看,它们皆建筑在其无与伦比的唯一真理之基础上。

一方面,绝对者和相对者之间的鸿沟愈发拉大,而相对者逐渐变成罪孽和错误,仅仅放射出微弱的真理火花;而另一方面,教会小心翼翼地将这些火花收集到自己的炉灶里,继而炉灶里的火花升腾成为熊熊烈火。所有包含在形而上学、宇宙学、心理学、伦理学和国家学里的伟大且真实的事物,都是它们自己真理的组成部分和支流,当然,它们不止停留于此,还会进一步地发展成为真理财富的本质部分。这样一来,所有重要的人类问题和概念思维的技艺都转化为教会问题;换言之,正是通过教会及其超自然的基础,这些问题才能被正确地解决、真正地得到澄清。教会哲学刻画了基督教的理性绝对性,正如道成肉身理论、启示理论和教会理论展现了基督教的超自然意涵。

将天真的绝对性转化为一种人为的、科学的和护教学的绝对性,这并不是基督教的专利,尽管相较其他宗教,基督教有远为惊人的宗教能量来做这件事。古代持多神论的民众宗教在其天真的绝对性意识动摇之时,就已经发展出了普世的理论和科学的神话解释学,还有将其他民族的神和自己的神平等看待的会通之法,于是思想冲突之际亦是他们的信仰确固之时。诸普世宗教提出了一套实际上类似的完善的护教学,在它看来,不同宗教共同体和基督教会类似,它们的发展基于同样的动机和进程。① 我们到处可看到,天真的绝对性克服了它们天然的限制,上升为令人惊奇且独一无二的神性学说。作为唯一的真理,它同其他宗教对立;作为正统,它同各偏离形态对立;作为经法典化了的神性智慧,它同游移不定的精神生活对立,而不论后者有多么高尚和精深。圣书、圣义、圣律以及由物质实践保证的恩典手段无不包含着先知们的遗产,由此发展出的神学,无论更偏向于神话思维,还是更偏向于思辨思维,皆牢牢确立了唯一真理同包含了它、隶属于它的精神生活之间的关系。

的确,基督教的护教学不仅类似于这些神学形态,而且还部分地吸收并扩展了它们。它采纳了犹太教的启示神学和历史神学,吸取了犹太教的灵感学说(Inspirationslehre),以此来衡量历史事件以及关键性的文本和律法的价值。它尤其地受到了道成肉身理论(Inkarnationstheorien)的影响,继而借此综合了思辨和神秘的因素,为神秘学说提供了护教学的基础。到了中世纪,它最终从犹太教和伊斯兰教神学里汲取了亚里士多德思想,用人类自然的理性去增进超自然的教义权威。

的确,基督教同其他普世宗教类似,这一事实的意义已经大

---

① 参见我的《宗教与教会》("Religion und Kirche")一文,刊于《普鲁士年鉴》,1895。

大超出了宗教绝对性理论的界限。生命的全部理想内容在其第一次彰显时,就仅仅被感受为必然者的衍生物,因而有了它的一切权利;接着它升华为理论,将事实上感受到的必然内容升格为在概念上成立的必然者、不变者、持存者;进一步地,它在社会学、艺术学、逻辑学、形而上学、尤其伦理学领域构建起教义学思维,当然,这里所谓的教义学思维,是纯粹从哲学意义上来说的。神学和哲学的意义密切相关。它们产生自同样的灵魂境况。神学的绝对性理论是在一定的精神氛围里生成的,身处其中的人们也只能从教义学的思维看待其他科学,这就是为什么神学能和其他科学保持密切的联系,而且这一联系事实上能一直延续下去。

说到底,人为的绝对性无非指在概念上确定基督教和其他宗教的关系,其中唯一牢固的立足点乃是由个人感受或继承的信仰,他只是从信仰出发看待其他所有东西,要么拒绝它们,要么采纳它们,从而建立起和它们的紧密关系。人为的绝对性是关联和比较思维的产物。一开始,由于它还处于天真的绝对性的影响之下,故而本身相对天真。也就是说,最初它比较严格地限制介入上述关系的因素数量,只单纯满足于沉思时出现的种种简单的、生动的画面,进而它渐渐扩展,最终发展成为一套无所不包的理论。它是比较、关联、思考,最后是科学的结果。在天主教世界里,它孕育出托马斯的神学体系,作为补充的还有教皇无过错的实践原则;在新教世界里,它孕育出结合了自然与超自然之光的教义学,同时在《圣经》的灵感学说里找到了实践的支持。

但由比较、组合、对立、融合得来的已经被吸收并整合进神学和教义学的因素不会只停留于这个层次;它迫使我们逾越既定的教义学前提,不断更新、扩展我们的比较与综合的活动,并立足于基本原则重新领悟它们。随着要比较和关联的成分越来越多、越来越繁杂,它们的共同焦点越发脱离了由教义确证的对象,越朝着凌驾于整体的中心迈进。这样一来,超自然理论很快就被严格地确立起来,反理性主义亦获得了理性的基础;教义的理性很快地渗透进了神学的所有毛孔,使之理性化,直到它同其原初的非理性意义对立。于是乎,新的原则、新的形而上学、新的宇宙论和心理学理论涌现出来,为了能更好地提供坚实的基础,人们正辛勤地做着这些外围工作(Außenwerke);他们的认识论研究威胁着迄今建立起的思想根基,也对神学的基本概念造成了危害。

最后,从自然科学里发展起来的新的世界图景,也同圣经和教会哲学里的古代世界图景相抵牾。除此之外,护教学的超历史学也无法阻止凡俗的历史学逾越出它的界限。这最后一点的影响最为深远。因为它不仅威胁到了神学学说的内容,而且损害了教义神学的基石本身,无论教义神学是否以理性的面目出现。这里爆发了最激烈的战争,人们在此见证了神学的最惊心动魄的退却。神学一步步地调和着对神圣事件的研究和研究凡俗事件的方法,它承认现代宗教和古代宗教间的类似,认可宗教文献的产生和世俗文本的兴起间的类似,肯定基督教同异教间的类似。不止于此,它最终迫使我们通观宗教史的发展进程,审视基督教诞生时期的历史处境以及直接或间接影响它的诸因素,进而扩展到普遍的宗教史研究,探究不同的绝对性、教义、圣书、启示和神学的意义。

在这种情形下,基督教思想家放弃了古老的护教学方法,不再靠结合奇迹学说、启示学说、天然的上帝知识、原罪学说来得出教会护教学的人为绝对性。只需注意到历史学的纵横视域以及它的类比能力和进步的趋势,人就会承认历史学是神学思想的基础。如今,基督教神学家努力地以思辨的方式理解历史。一开始,他们小心翼翼地模仿着古代教会的思想,如自然神论者;后来他们变得大胆,有了创造的精神,例如莱辛与赫尔德以来的德国唯心主义历史学。

从超自然的、理性的绝对性里产生出了演化论的绝对性。在强烈地感到要克服神圣和凡俗间的对立的同时,它比过去更激烈地提出了这个问题,并用"绝对性"这一说法概括之。基督教曾经是唯一的、超自然的启示真理,现在就其真正的含义而言则变成了绝对宗教,即在实现着自身本质的概念宗教,或者说宗教理念的实现过程。那些一方面在正统教义的形式上特殊地位面前牺牲的事物,另一方面却在内容上克服了正统教义。于是现在它所谈的就不仅是可被认识彻底把握和确证的道成肉身、奇迹、预言,而且是未被穷尽的真理;换言之,它谈的是穷尽其概念的完善真理,唯有阐明概念的种种历史实现形式和中介形式,最终才能澄清永恒的概念意涵。

正是由于过度地强调完善进程,他们根本上远离了耶稣的布道,按照耶稣的指示,最终的救赎和真理都是要去等待的,而我们现在是在同人为的绝对性打交道,其人为性完全在现实历史的进程里彰显出来。现实历史关心的只是个别的、暂时的形态,这些形态以绝对者作为它们的目标而已。因此它终结了从基督教的超自然前提所得出的种种衍生思想、条例和限制,把它们交由神学的历史研究来澄清。但这种人为的绝对性的最终建构终将毁于历史学之手。

这就让我们再度回到研究一开始的起点。我们已从各个方面考察了本章开头提出的问题，现在正是要最终回答它们，还有打消我们刚刚讲到的顾虑①。

只有肤浅地认同科学才会远离上帝，只有肤浅地理解历史才会相信宗教因其不同的绝对性要求间的矛盾而必然瓦解。历史学不能只停留在纯粹事实上，而是要探究事实的关联，从它们对绝对性的要求里认识到它们所指向的目标的绝对性。不论哪个宗教，信徒必定天然地感到有内在的强迫力在推动着他，只要不将自己的宗教同其他宗教比较，他就会局限在这种天真的感觉里，因此觉得自己此刻对于更高生命的认识就是终极的、唯一的真理。这样一来，呈现在我们眼前的各个宗教都在追求自己的目标，用实在的、自由的和救赎的力量同世界抗衡，然而它们的目标的清晰程度、它们追求目标的力量有别，因此它们对绝对性要求的意义也是不同的。

正如仅有基督教在原则上完善地提出了宗教和世界的对立，它对绝对性的要求从内在说来也是最自由、最具普遍性的，它最紧密地同宗教创造者的灵魂而非文字结合在了一起。不过基督教的天真亦有其局限性，一方面，它天然地等同于其宗教思想的原初个体化的历史形态，而且信徒强烈地期盼着终极审判；另一方面，它的权利只源于它自己，丝毫不顾其他的真理。这些局限是要被克服的，因为历史本身已经击碎了它们；同样，牢牢地将自我固守于一点的信念也要被否定掉，因为历史运动不仅超越了它，而且历史认识也教导它从一个发展体系的内部来看待它的位

---

① 指上一段讲的演化论的绝对性远离耶稣布道，最终将毁于历史学之手。——译注

置。故而起决定作用的不再是对绝对性的要求,而是经要求的本性和力量反映出的现实,还有宗教的、伦理的观念世界和生活世界本身。这样一来,基督教的效力就不能由关于启示、救赎和正当要求的论述来证明,而只能通过对这些要求所导致的实事作出判断来证明自己。但如果实事取代了要求的位置,那么不同宗教的要求的相对性和相似性绝不会威胁到基督教,我们反倒可以宣称,实事的特殊形态和绝对性要求的特殊形态之间是对应的。相较要求的特殊形态,实事的特殊形态才具有本质性。①

不过我们也必须给宗教情感留出余地,换言之,我们不仅不可避免地要给科学让步,而且要满足宗教情感本身的内在要求。实事是可以和绝对性要求的形式分离的,所谓绝对性要求的形式,指人首先天真地感到了绝对性要求,然后人为地将它理论化。假如先知的、基督教的人格主义成立,那么它就明确地朝着绝对者的方向前进,而且比其他任何态度都更倾向于这个态度。即便我们摆脱了旧的启示理论、救赎理论、唯一真理论和原罪理论,也不会抹杀基督教的本质特征,这样做反倒让我们更自由、更有活力地审视现代世界图景。②

---

① 参考上文,第46—49页[1]。在这里,尤其关键的是我的看法和里敕尔学派的要求神学对立,我本人最初是该学派的成员,后来不再认可他们所谓的诸宗教相似和并行的观点。

1. 特洛尔奇在这里标的是原书第二版的页码,应当对应本书德文本页码第158—165页。——译注

② 关于这里所说的基督教的特征,还可以参见我的《自由基督教的未来可能》("Die Zukunftsmöglichkeiten eines freien Christentums")一文,刊于《逻各斯》(*Logos*)杂志,1910。

护教学的人为绝对性有巨大的宽慰人心的崇高力量,只要它在教义规定的精神氛围里充当了自然绝对性的直接延续和提升的形态。然而,像斗争与仇恨、狂妄与精神压迫这类"太人性的因素"(Allzumenschliche)常常附着于其上,招致了骇人听闻的事端。于是在一个以批判性和历史性思想为主流的精神氛围里,护教学的人为绝对性沦为了虔诚情感的沉重负担。教士变得越来越野蛮,神学则变得越来越精细,它们如绳索一般愈发扼制住了基督徒的喉咙。的确,那些虔诚而深刻的神学教师因从事神圣事业而值得尊敬,但他们传授的知识却难以让人接受。

尽管现代历史学加剧了这一负担,但如果我们用历史学的方法思考到极致,反倒会让我们摆脱负担。此后我们将发现天真的绝对性同人为的护教学的绝对性之间的差别,此差别建立在实事本质的基础上,乃是更高精神生命的一种普遍现象。随着我们自然地脱离天真的绝对性,通过比较和巩固概念因素,将自我逐渐消解于理论的思考当中,护教学的绝对性便会清楚地呈现于我们的意识里。正是通过这种自我消解,人为的绝对性指引我们更深入地思考历史学,洞悉人为的绝对性在天真的绝对性那里的起源;此外,它还让我们认识到基督教的天真的绝对性同更深刻的宗教真理的要求之间的差距。进一步地,人为的绝对性引导我们在耶稣的布道同一切原始团契的、教会的护教学之间作出区分,指引我们返回耶稣训谕里的天真的伟大、广博和自由的内容,耶稣的训谕仍然是我们所知的最高贵、最伟大的东西。

但是在这里,我们就被耶稣的大能攫住了,我们以善的良知将自己交托于这个最高的宗教力量,心中既敬畏,又感到无限的力量,以至于忘记了所有艰苦的道路和崎岖的弯路,若不如此,那些沉沦于繁复历史细节里的人是无法走向耶稣的。怀着宗教情感的人能够且应当再次遗忘历史，凭着天真的绝对性意识同上帝照面，因此他对一（Einen）的直观消融了所有时间，通往神圣目标的大门也向他打开了。倘使我们感到应当通过历史学和伟大的宗教人格再度强化自己的信仰，尤其感到信仰基础的当前化（Vergegenwärtigung）对于基督教共同体的团结和发展、对于有组织的崇拜仪式乃是不可缺少的，那么我们就要重新关照历史学和伟大的宗教人格，但应同时避免历史学的、批判性的博学（Gelehrsamkeit）染指历史的当前化，后者单纯是要牢固和加深我们的信仰。我们越从根本上确立了历史当前化的权利，就越可以公正地使用内在于我们自身的、重要的历史传统。①

---

① 对此，可参见我的《信仰与历史》（"Glaube und Geschichte"）一文，收录于《过去与现在的宗教》（*Religion in Vergangenheit und Gegenwart*）这本书里；同时参见我的报告《耶稣的历史性对于信仰的意义》（*Bedeutung der Geschichtlichkeit Jesu für den Glauben*，1911）。此外，还可以参考贝斯在《神学观察》杂志刊文（1912，第 1—21 页）¹ 对我的批评。他坚持认为我的上述两篇文献相互矛盾，而且称第二篇文献的论述既表面又随意。对于试图探究概念的必然规则的教条主义者来说，得出这样的结论似乎理所当然。但我毋宁只是从实践和历史的观点出发的，在这里，心理学上的必然性恰恰是概念推理的起点。于是我就把永恒的概念联系留给教条主义者去研究，他们比我更懂得如何去做。我的立场自然也会反过来强烈地影响宗教共同体的观念和实践，对此，我已在《国家与教会的分离》（*Trennung von Staat und Kirche*，1905）和《基督教会与教团的社会学说》（*Soziallehren der christlichen Kirchen und Gruppen*，1912）这两本书里作了讨论。

1. 指卡尔·贝斯的《耶稣人格的信仰纽带》（"Die Bindung des Glaubens an die Person Jesu"）一文。——译注

无论耶稣的形象可能在多大程度上被原始基督教的护教学和天真的、带有传奇色彩的教义学遮蔽,始终不可否认的是,从他身上发出的光芒乃是令人惊奇的天真(Naivetät),由此,他以最简单的方式道出了最高贵、最深刻的内容,最直接地让信徒信仰圣父所交给他的使命。科学研究的浓云散去后,终极真理永存;谁身处人类的多种真理和价值当中,却能共情地仿效耶稣寻求自己的人生道路,必将从耶稣的最自由的天真性格里发现指向上帝最高启示的路标,因为耶稣的天真性格乃是宗教生命力的最清楚、最完整的表现。这个人遵循耶稣的指示生活,于是宗教生命在新的此在形式(Daseinsformen)里同新的思想紧紧结合在了一起,这个人就既不会否认也不会回避绝对性要求里的种种天然的局限。此外,由于我们目前的知识是有缺陷的且不完善的,故而也会深刻地感到生活与思想的联系受历史条件的限制。但不管怎样,这个人都只遵循上帝的指引,只面对着上帝生活,这是我们从耶稣手里接过的权利,为此,耶稣的斗争和胜利一再增强着我们生活的勇气。

另一方面,这个人不想在自己和其他人之间建立一个不可逾越的鸿沟,或者否定其他人的救赎之道,以此坚定自己的信仰。毋宁说,他感到自己有责任领着其他人朝着他所知的更高的救赎方向行进。他也无意于从基督教历史里提取出什么已经实现了的、持存的宗教理念,而是充分地信任上帝之手的指挥,听凭上帝在历史里历史性地引导我们前进,并交由耶稣给予我们未来救赎的启示和终告。

我们不必担心人类数千年的未知历史,只要清楚最近一段路的方向如何,知道我们想要什么、期待什么就足矣。至于我们目前的历史时刻,最重要的是阻止从各个方面损害我们的宗教混乱和对于宗教的冷漠。

　　总而言之,我在这里提出的观点,既避免了人为确证基督教的性格,重回已经废弃了的理论;又避免了人为正确地从历史的整体观念里得出什么结果,而必须牺牲掉基督教的性格。我的观点在很多方面都不同于迄今为止的全部神学,但它同时预设了神学的总体境况从根本上发生了改变,对此,现代历史学的视野和现代遗传学思想起了很大作用。因而我们要做的就不是改善一些局部的观点,而是必须从新问题着眼改变整体观念。一些人在基督教人格主义里已经认识到对我们的宗教和精神生活而言无法抛弃的遗产,他们反对现代精神里的一切泛神论和相对主义的倾向。对他们来说,我在此提出的问题当然并不是今天要去回答的唯一问题。现代自然科学要求全面地重塑古代的、基督教的和中世纪的世界图景,而且当神学家认真地思考这个问题,便会相信自己无力提供什么帮助。不过这并不是我在此强调的内容。我在这里谈论的是现代历史思维的效果。它极其激进,要求彻底颠覆全部宗教结构,但它消解不了基督教的人格主义,否定不了基督徒的信心,他们坚定地相信基督教的人格主义是他们通往绝对的唯一的、伟大的道路。

　　为了赢得全体,人就必须走向全体。至于我们的教会、我们的多少自由化了的教义以及与此紧密相关的实践的和教会的状况将会变成什么样子,这本身就是一个问题。此乃摆在我们面前的关乎未来发展的最艰难的任务,但如果我们不从理论上极清楚地澄清基督教观念世界的状况,就无法明白而确定地解决这个问题。神学不可避免地会妥协和让步,然而妥协和让步本身不应该是神学的真正目标。

译后记

恩斯特·特洛尔奇（Ernst Troeltsch, 1865—1923）是德国著名的宗教史家、哲学家，也是德国古典社会学的重要奠基人。1865年，他生于德国巴伐利亚豪恩斯特滕（Haunstetten）的一个医生家庭，从青年时代起就对历史领域充满浓厚兴趣。在巴伐利亚的一所旧式人文中学毕业后，他先后就读于奥格斯堡大学、埃尔兰根大学、柏林大学与哥廷根大学，主修神学和基督教史，师从当时德国宗教史学派的领军人物阿尔布莱希特·里敕尔（Albrecht Ritschl）。

19世纪末德国思想界聚焦的核心问题是自然科学世界观同文化科学世界观之争，而特洛尔奇从一开始就认识到"若没有长久以来主宰一切的神学方面的知识，整个欧洲思想史将多么令人费解"①，因此他一生致力于从历史把握现代总体精神，通过对基督教教义学和基督教史的考察，调和现代世界图景与作为超越价值的基督教的冲突。1891年，他以教授资格论文《论约翰·格哈特与梅兰希通的理性与启示概念》获哥廷根大学教会史与教义史

---

① 特洛尔奇，《关于我的著述》，引自《基督教理论与现代》，朱雁冰等译，北京：华夏出版社，2004，第323页。

专业的私人讲师职位,此后在1892年受聘于波恩大学,担任系统神学专业的编外教授。早期特洛尔奇受洛采(Hermann Lotze)、冯特、狄尔泰等新康德主义学者的影响比较大,倾向于从意识哲学和心理学的角度探索精神生活的自我确信问题。

1894年入职海德堡大学神学系和哲学系后,特洛尔奇的思考进路发生了变化。与同事马克斯·韦伯和格奥尔格·耶利内克(Georg Jellinek)等学者的密切交往,使得他越来越关心社会政治事务,尤其"陷入了一个像韦伯这样无比强有力的人物的魔圈",他开始从社会理论和伦理学的问题意识检视基督教的思想传统,考察"基督教的产生、发展、变化以及在现代的停滞在多大程度上受到社会学意义上的制约,它本身在多大程度上是一个具有积极创造性的社会学原则"①。1909年,特洛尔奇同滕尼斯、韦伯、齐美尔、桑巴特等人一道创建了德国社会学学会,在第一届大会上提出了他的世俗与神圣价值的二元论社会学原则,1912年出版的巨著《基督教会与团体的社会学说》即他这个时期思想的结晶。

1914年,第一次世界大战爆发后,特洛尔奇的命运迎来新的变化。一开始,同那个时代大多数德国学者一样,爱国主义和民族主义情怀使他坚定地成为德意志国家利益的捍卫者。1915年,他选择去往政治中心柏林,担任柏林大学哲学系教授,并广泛地介入政府与议会行动,随着战事的扩大,他出于政治的理性和自由主义、人道主义的信念,呼吁避免扩大战争,捍卫议会权利,同鼓吹战争的军方和狂热分子展开激烈的论辩。战争结束后,特洛尔奇作为社会民主党代表担任普鲁士邦议会宪法委员会成员,同

---

① 前引书,第327页。

时担任普鲁士科学、艺术与民族教育部副部长,直到1923年病逝。

晚年特洛尔奇除了写作大量政论著作,更是从德意志和西欧文明比较的高度,贡献出了另一部巨著,即去世前一年出版的《历史主义及其问题》。他在自传里曾这样评价此书:

> 它从逻辑和方法论上讨论历史哲学问题:即如何从经验性历史研究的逻辑出发,探求一条通向历史哲学的图景,换言之,如何从历史相对性出发寻求通往具有有效性的文化价值之路。这是关于绝对性的老问题,**只不过现在从更广阔的视角、从文化价值整体着眼,而不是针对宗教立场提出来罢了**。……这时我发现了西欧与德国的历史学之间存在着深刻的差别,以及建立一种采取实证主义立场,而不是单纯思辨和全景画似的历史哲学的必要性。本卷的结束意味着建立这样一种实证主义的、从分析欧洲精神中形成的历史哲学的过渡,当然,**这种历史哲学必须同时以比较的目光关注欧洲以外的世界**。第二部分将开始本书预告中所称的对欧洲精神的分析,并由此展示当代文化哲学、伦理学的种种立场。**它将是我全部研究的总结,并大大超过了我的研究工作原有的宗教出发点**。①

作为一名百科全书式的思想家,特洛尔奇一生著述浩繁,涉

---

① 前引书,第329页,黑体为译者所加。

及的领域包括形而上学、认识论与心理学、基督教神学与基督教史、历史哲学、社会理论与社会政治思想。他的两本体系性的巨著《基督教会与团体的社会学说》与《历史主义及其问题》更是串联起一部浩瀚的欧洲精神的变迁史,从古代世界的衰落直到他所身处的 19 世纪的历史主义时代。

要完整且深入地理解特洛尔奇的思想,并不是件容易的事情,而他在 1902 年出版的早期著作《基督教的绝对性与宗教史》可能算得上是最佳的导引性文本。他本人曾坦言:这部著作是他此后的所有著作的滥觞。① 在本书里,特洛尔奇从思想史的角度,系统地阐释了基督教学说传统及其内在的规范性意义,进而深刻地探讨了个体的心性伦理、历史主义的相对性与信仰的绝对性、社会的价值基础等现代性的核心问题。这本书是我们理解特洛尔奇的调和世俗与神圣价值的二元论社会学思想进路的首选著作,也是进一步研究德国古典社会学理论的重要著作。在这里,我想简要地从四个方面谈谈本书的意义,供读者参考:

第一,本书虽然是一部宗教哲学著作,**但它的问题意识是和 19 世纪末德意志帝国的历史命运分不开的**。1848 年后,普鲁士开启了武力统一德意志之路,打破了中欧的天主教和封建同盟,更是毁灭了欧洲传统的均势格局。1897 年,德意志帝国建立,其势力从欧罗巴的中心辐射整个欧洲大地,无论国内的议会斗争还是地缘政治的紧张冲突,都纠缠着至深的宗教矛盾。面对罗马天主教势力对南德与东德地区的渗透,同时身处西欧加尔文-商业

---

① 前引书,第 326 页。

文明、沙皇俄国的东正教文明、奥斯曼土耳其的伊斯兰文明的挤压之中,帝国政府始终在盘旋挣扎,寻求德国的路德教文明的生存壮大;不止如此,随着帝国在亚非的殖民扩张,以及考古和历史批判研究的展开,东方与西方的文明的整体视野史无前例地呈现出来,文明的冲突根本上又是宗教的冲突,和韦伯一样,特洛尔奇以"西方文明之子"的姿态回应宗教、政治、社会乃至文明的总体问题。本书关注的核心正是在世界诸宗教冲突的背景下,路德教传统如何理解自身的尊严和价值,又如何化解诸宗教间的张力。

第二,**本书是理解传统神学向宗教史乃至宗教社会学研究转向的契机所在**。欧洲启蒙以来,教会哲学及其教义学渐渐失去了合法性,重建普遍信仰的责任逐渐落到历史学的肩膀上。早在17世纪,神学的历史化进程就已经开始了,从霍布斯、斯宾诺莎到莱辛、康德,他们主要聚焦于创建世俗国家,确立宗教宽容等现代道德原则。到了19世纪,随着黑格尔的总体史学观得到普遍认同,古典语文学和考古学日臻成熟,尤其德国大学的学院研究体系定型,神学历史化成为建制,先后形成了以鲍尔(Ferdinand Christian Baur)和里敕尔为中心的宗教史学派。作为宗教史派学者,特洛尔奇正是立足于这一前提,将基督教的绝对性问题转化成基督教在历史里的规范性问题,开启了历史比较的研究格局。

第三,神学的历史化难免不会造成相对主义思想的横行,而相对主义又同现代的专制,抑或政治与信仰的绝对主义是一体两面的东西。**本书表明,特洛尔奇着眼于现代历史个体的心理,志在培育他们的心性伦理**。这同他的新康德主义理念以及他的挚友韦伯的思想出发点是一致的。历史个体是在历史的既定力量及其关系中产生出来的个体,他们皆为伦理文化融会而成的复合体,个体的心性伦理植根于历史感和鲜活的生存体验,只有从历史精神和比较的视野出发,个体才不盲信,才不会陷入宗教狂热乃至仇恨的泥潭;进一步地,他才能从鲜活的生存体验领会文明内在的统一的、超越的精神,在历史的变动不居中感同身受地体悟文明的永恒生命,进而将之倾注于自我的人格教育历程,审时度势地付诸实践。

第四,**本书开启了特洛尔奇关于教会和教团的社会学研究**,他以个体心性为起点,从历史的视野重新探寻统一的基督教伦理精神,理解历史的各个时期里基督教施加于人心的规范。他创造性地将新教拉回天主教的整体视野,强调古典与现代的延续性、教会与教派精神的实质同一性。就此而言,特洛尔奇最终没有走入韦伯价值多神论的困境。对韦伯这位"浸透着虚无主义气质的战士"来说,价值的实现落在个体的行动上,他自主地选择、追随某一价值理想,投身事业,通过实践塑造出某种伦理人格和生活之道,但这样我们就面临丧失伦理统一标准的危险。特洛尔奇有意识地消解了韦伯的激进性,以此扼住传统的缰绳,在他看来,伦理一定具有整体意涵,它之所以可能实现,就在于它曾经或当下扎根在民族或欧洲的共同信念当中,是联系个体的牢固纽带。故而同样作为新教出身的学者,特洛尔奇却走上了和韦伯相反的道路,而这条道路是值得我们重视的。

《基督教的绝对性与宗教史》译自沃尔特·德·格鲁伊特出版社(Walter de Gruyter)1998年版的《恩斯特·特洛尔奇批判版全集》第五卷(*Ernst Troeltsch Kritische Gesamtausgabe*, Band 5),编者为特鲁兹·伦特托夫(Trutz Rendtorff)和斯特凡·鲍特勒(Stefan

Pautler)。在翻译的过程中,我参考了约翰·诺克斯出版社(Westminster John Knox Press)1971 年出版的英译本(*The Absoluteness of Christianity and The History of Religions*),该英译本由大卫·瑞德(David Reid)译出。由于德文原本每一段段落过长,我遵循了英译本的段落划分法。此外,我翻译了英译本为各章取的小标题,供读者参考。

需要说明的是,批判版全集不仅收录了特洛尔奇的原文,还做了大量考据和注释的工作,鉴于考据和注释可能过于烦琐,我想尽量在最后给出一部干净的本子,于是翻译时做了简化的工作,选择了一些比较重要的注释;针对若干过长的注释,我也作了一定的概括。如果读者想更进一步研读特洛尔奇的这本著作,参照着读批判版全集仍是有必要的。

译　者
2021 年 2 月于北京

图书在版编目(CIP)数据

基督教的绝对性与宗教史 / (德)恩斯特·特洛尔奇著;张巍卓译. -- 西安:西北大学出版社,2024.6.
(精神译丛 / 徐晔,陈越主编) -- ISBN 978-7-5604-5413-9

I. B979.1

中国国家版本馆 CIP 数据核字第 2024NR0687 号

基督教的绝对性与宗教史

[德]恩斯特·特洛尔奇 著
张巍卓 译

出版发行:西北大学出版社
地　　址:西安市太白北路 229 号
邮　　编:710069
电　　话:029-88302590
经　　销:全国新华书店
印　　装:陕西博文印务有限责任公司
开　　本:889 毫米×1194 毫米　1/32
印　　张:6.125
字　　数:140 千
版　　次:2024 年 6 月第 1 版　2024 年 6 月第 1 次印刷
书　　号:ISBN 978-7-5604-5413-9
定　　价:59.00 元

本版图书如有印装质量问题,请拨打电话 029-88302966 予以调换。

本书根据德国沃尔特·德·格鲁伊特出版社(Walter de Gruyter)1998年版《恩斯特·特洛尔奇批判版全集》第五卷(*Ernst Troeltsch Kritische Gesamtausgabe*, Band 5) *Die Absolutheit des Christentums und die Religionsgeschichte* 译出。

Re 精神译丛（加*者为已出品种）

第一辑

*从莱布尼茨出发的逻辑学的形而上学始基	海德格尔
*德国观念论与当前哲学的困境	海德格尔
*正常与病态	康吉莱姆
*孟德斯鸠：政治与历史	阿尔都塞
*论再生产	阿尔都塞
*斯宾诺莎与政治	巴利巴尔
*词语的肉身：书写的政治	朗西埃
*歧义：政治与哲学	朗西埃
*例外状态	阿甘本
*来临中的共同体	阿甘本

第二辑

*海德格尔——贫困时代的思想家	洛维特
*政治与历史：从马基雅维利到马克思	阿尔都塞
*怎么办？	阿尔都塞
*赠予死亡	德里达
*恶的透明性：关于诸多极端现象的随笔	鲍德里亚
*权利的时代	博比奥
*民主的未来	博比奥
帝国与民族：1985—2005年重要作品	查特吉
*政治社会的世系：后殖民民主研究	查特吉
*民族与美学	柄谷行人

第三辑

*哲学史：从托马斯·阿奎那到康德	海德格尔
布莱希特论集	本雅明
*论拉辛	巴尔特
马基雅维利的孤独	阿尔都塞
写给非哲学家的哲学入门	阿尔都塞
*康德的批判哲学	德勒兹
*无知的教师：智力解放五讲	朗西埃
*野蛮的反常：巴鲁赫·斯宾诺莎那里的权力与力量	奈格里
*狄俄尼索斯的劳动：对国家—形式的批判	哈特 奈格里
免疫体：对生命的保护与否定	埃斯波西托

第四辑

*古代哲学的基本概念	海德格尔
黑格尔《精神现象学》的发生与结构（上卷）	伊波利特
卢梭三讲	阿尔都塞
*野兽与主权者（第一卷）	德里达
*野兽与主权者（第二卷）	德里达
*黑格尔或斯宾诺莎	马舍雷
第三人称：生命政治与非人哲学	埃斯波西托
二：政治神学机制与思想的位置	埃斯波西托
领导权与社会主义战略：走向激进的民主政治	拉克劳 穆夫
德勒兹：哲学学徒期	哈特

第五辑

*基督教的绝对性与宗教史	特洛尔奇
黑格尔《精神现象学》的发生与结构（下卷）	伊波利特
哲学与政治文集（第一卷）	阿尔都塞
疯癫，语言，文学	福柯
与斯宾诺莎同行：斯宾诺莎主义学说及其历史研究	马舍雷
事物的自然：斯宾诺莎《伦理学》第一部分导读	马舍雷
*感性生活：斯宾诺莎《伦理学》第三部分导读	马舍雷
拉帕里斯的真理：语言学、符号学与哲学	佩舍
速度与政治：论竞速学	维利里奥
《狱中札记》新选	葛兰西

第六辑

生命科学史中的意识形态与合理性	康吉莱姆
哲学与政治文集（第二卷）	阿尔都塞
心灵的现实性：斯宾诺莎《伦理学》第二部分导读	马舍雷
人的状况：斯宾诺莎《伦理学》第四部分导读	马舍雷
帕斯卡尔和波－罗亚尔	马兰
非哲学原理	拉吕埃勒
*连线大脑里的黑格尔	齐泽克
性与失败的绝对	齐泽克
*探究（一）	柄谷行人
*探究（二）	柄谷行人

第七辑

论批判理论：霍克海默论文集（一）	霍克海默
美学与政治	阿多诺 本雅明等
现象学导论	德桑第
历史论集	阿尔都塞
斯宾诺莎哲学中的个体与共同体	马特龙
解放之途：斯宾诺莎《伦理学》第五部分导读	马舍雷
黑格尔与卡尔·施米特：在思辨与实证之间的政治	科维纲
谢林之后的诸自然哲学	格兰特
炼狱中的哈姆雷特	格林布拉特
活力物质："物"的政治生态学	本内特